Soñando escuelas

Colección EDUCACIÓN

34

Manu Velasco

Soñando escuelas

Prólogo de Pedro G. Aguado

 Mensajero

© Ediciones Mensajero, 2025
Grupo de Comunicación Loyola
Padre Lojendio, 2
48008 Bilbao – España
Tfno.: +34 944 470 358
info@gcloyola.com
gcloyola.com

Diseño de cubierta:
Laura García Carbajosa

Impreso en España. *Printed in Spain*
ISBN: 978-84-271-5032-4
Depósito legal: BI-807-2025

Fotocomposición:
Marín Creación, S. C. – Burgos / www.marincreacion.com

Impresión y encuadernación:
GraphyCems – Villatuerta (Navarra) / www.graficascems.com

MIXTO
Papel | Apoyando la
silvicultura responsable
FSC® C007507

A mi querido suegro,
Alejandro Vargas Aedo (1929-2024).
In memoriam.
Por enseñarme a pintar sueños y a trazar sonrisas
en las caras tristes.
Por ser el padre, el marido, el abuelo y el amigo soñado.

A mi padre, Manolo.
Por mostrarme el valor de la constancia y del esfuerzo.

A mi hermano, Dani.
Por demostrarme que es posible soñar y tocar las estrellas.

Índice

Prólogo

Pedro G. Aguado

Cuando Manu me pidió que escribiera el prólogo de este libro, lo primero que pensé fue: «*¿Por qué yo?*». Y después de leerlo, entendí perfectamente el porqué.

Porque *Soñando escuelas* no es un libro cualquiera. Es un viaje. Un viaje que empieza en el corazón de un maestro que cree de verdad en lo que hace. Un viaje que te remueve, que te hace mirar hacia atrás, hacia tus propios profesores, tus propios aprendizajes, tus propios fracasos… y también hacia adelante, hacia lo que todavía podemos cambiar.

Yo he pasado media vida ayudando a jóvenes que se estaban rompiendo por dentro. Muchos llegaban sin confiar en nadie, sin esperanza, sin rumbo. Y muchas veces, todo lo que necesitaban era alguien que no les juzgara. Alguien que se quedara. Alguien que creyera en ellos, incluso cuando ellos no podían.

Por eso este libro me ha tocado tanto. Porque Manu habla justo de eso. No solo de metodologías o de aulas; habla de personas. De mirar a los ojos. De escuchar de verdad. De decirle a un chaval: *te veo, te valoro, me importas*. Y eso, aunque no aparezca en el currículum, es lo que cambia vidas.

Cada capítulo es como una ventana que se abre. A veces te hace sonreír, otras veces te golpea con verdades incómodas. Pero en todos hay una idea muy clara: educar no es un trámite. Es un acto de amor, de presencia, de humanidad.

Este libro sueña, sí, pero no desde la ingenuidad. Lo hace desde la experiencia de alguien que está ahí, que ha fallado, que ha aprendido, que ha acompañado a cientos de niños y niñas a desplegar sus alas. Manu no propone una escuela de fantasía, propone una escuela posible. Y urgente.

Me siento agradecido por haber leído estas páginas. Y orgulloso de poder presentarlas. Porque si algo tengo claro, después de todos estos años trabajando con adolescentes, familias y equipos educativos, es que lo que más necesita un niño no es un libro de texto ni una ficha más… es alguien que le diga: *puedes*.

Gracias, Manu, por recordarnos que la escuela puede ser ese lugar.

Ese lugar donde se curan heridas.
Ese lugar donde uno empieza a creer.
Ese lugar donde alguien, al fin, te ve.

Introducción

De los sueños a la acción

Soñar es el primer acto de rebeldía frente a la realidad. Es imaginar lo que aún no existe, es atreverse a volar en un mundo que, a veces, insiste en cortarnos las alas.

En educación, soñar es más que un simple deseo: es una declaración de intenciones, un faro que ilumina el camino hacia la escuela que queremos y necesitamos.

Soñar con una escuela mejor es desear un lugar donde cada niño y niña pueda desplegar sus alas, no importa cuán pequeñas o grandes sean, y donde el cielo no sea el límite, sino el punto de partida.

Pero con soñar no basta. Los sueños, cuando no se traducen en acciones, se convierten en espejismos que nos distraen, promesas vacías que se desvanecen con la rutina y el conformismo. Es fácil quedarse en la comodidad de los sueños, en la utopía inalcanzable que, por ser irrealizable, no requiere esfuerzo ni compromiso. Sin embargo, la verdadera transformación comienza cuando tomamos esos sueños y los convertimos en pasos concretos hacia una realidad tangible.

Soñar con una escuela que vea alas y busque cielos no es solo desear que los alumnos encuentren su camino, es arremangarse y trabajar para crear espacios donde esas alas no solo se vean, sino que se fortalezcan y se eleven. Es diseñar experiencias de aprendizaje que vayan más allá de los muros del aula, que toquen corazones y mentes, que despierten el asombro y la curiosidad, y que hagan sentir a cada alumno y alumna que es visto, valorado y querido por lo que ya es, no solo por lo que puede llegar a ser.

En este libro encontrarás pautas para hacer realidad la escuela que sueñas. Encontrarás ideas, ejemplos y reflexiones que te invitarán a pasar de la teoría a la práctica, de la posibilidad a la realidad, del sueño a la acción. No busco fórmulas mágicas ni atajos, porque la educación es un camino que se construye paso a paso, con paciencia y dedicación, pero también con la convicción de que cada esfuerzo suma y que cada pequeño cambio puede ser el inicio de una gran transformación.

Soñar con una escuela que enseñe con el corazón y no solo con la cabeza es poner el énfasis en lo humano, en el latir de las emociones, en el abrazo que conforta y en la palabra que alienta. Es recordar que antes de enseñar matemáticas, ciencias o historia, enseñamos a personas y que educar no es solo transmitir conocimientos; es también modelar actitudes, valores y sueños. Es una llamada a educar desde la empatía, la compasión y la alegría, sabiendo que el aprendizaje más profundo es aquel que toca el alma.

Soñar con una escuela que abrace la diversidad y celebre las diferencias es mucho más que una aspiración inclusiva; es un compromiso con la equidad y la justicia, un reconocimiento de que cada niño y cada niña tiene una historia única que contar y que todas las voces merecen ser escuchadas. Es entender que las diferencias no son obstáculos, sino oportunidades para aprender, crecer y enriquecerse mutuamente. Es crear un ambiente donde la palabra *normal* no sea el estándar y donde lo diverso sea lo normal.

Este libro no es solo una invitación a soñar, es una invitación para que te des cuenta de que los sueños se cumplen levantándose de la cama y pasando a la acción. El verdadero poder de cualquier sueño está en lo que hacemos con él, en cómo lo llevamos a la realidad cotidiana de nuestras aulas, en cómo lo convertimos en prácticas pedagógicas que transformen vidas. Soñar una escuela es, en última instancia, soñar un mundo mejor, y ese sueño comienza aquí y ahora, con cada uno de nosotros.

Te invito a que sigamos juntos este camino, a que no solo sueñes con una escuela distinta, sino que te atrevas a construirla. Recuerda que al final, los sueños que no se trabajan se quedan en eso, en sueños. Y la escuela que soñamos no puede esperar más, ya que cada día que pasa es una oportunidad perdida para hacer de la educación ese lugar donde las alas se desplieguen y los cielos se conquisten.

Bienvenido a *Soñando escuelas*: un viaje repleto de sueños y de acciones hacia la escuela que todos nos merecemos. Aquí encontrarás la escuela que anhelo, aquí me encontrarás a mí. Te espero y te invito a viajar por tantos capítulos como años tengo en este momento, 43.

En estos 43 capítulos quiero dejar claro que la escuela ha de convertirse en ese lugar donde sea y ocurra lo que muchas veces no es ni ocurre en nuestra sociedad; en ese lugar que dice todo lo bueno que ve en sus alumnos sin dar por hecho que ya lo saben; ese lugar que es capaz de traducir los silencios y bordar paz en medio de tantas guerras; ese lugar que huye del «yoyó» y del «yayá», yo primero y todo ya, rápido y sin masticar; ese lugar que mira lento y escucha despacio; ese lugar que educa con palabras de poeta y con manos de artista.

Alguien escribió alguna vez:

«El primer paso no te lleva a donde quieres ir,
pero te saca de donde estás».

Si estas páginas que tienes entre tus manos te animan y ayudan a dar ese primer paso, esta aventura, este libro ya habrá merecido la pena.

Me gusta ver la escuela como un cofre que esconde, al menos, tantos tesoros y tantos sueños como alumnos con los que cuenta.

Eso sí, recuerda que en una escuela los sueños no navegan solos, necesitan un buen capitán o capitana. Ahí entras en juego tú, ¿te animas a coger el timón?

Recuerda también que cuando luchamos por un ideal en el que creemos, por esta escuela soñada, no tenemos asegurado que llegaremos a alcanzarla, pero sí que, al menos, nos acercaremos a ella.

La escuela es ese lugar que nuestros alumnos deben abandonar con la sensación de que salieron mejor que entraron.

Ese lugar en el que exista un cartel que diga:
«Aquí es donde tú puedes brillar».

Quiero acabar esta pequeña introducción con una anécdota que ocurrió en una comida familiar y que tiene a mi mujer, Gaëlle, y a mi hija mayor, Amélie (11 años), como protagonistas. Mi hija se afanaba en contarle y explicarle a su madre todos sus sueños de futuro: donde estudiará, los viajes y negocios planificados con su gran amiga Andrea, su futuro trabajo, etc. Cuando termina, su madre le contesta:

–Muy bien, hija. Soñar es gratis.
Amélie la mira y le contesta seriamente de una forma,
a mi parecer, tajante y majestuosa:
–*Todos los sueños son acciones por realizar*, mamá.

Pues lo dicho, ¡a soñar!

La escuela no puede convertirse, como diría Joaquín Sabina, «en el bulevar de los sueños rotos».

La escuela del futuro comienza con los sueños de hoy.

1

Sueño con una escuela que vea alas y busque cielos

En cada aula, detrás de cada pupitre, se esconde un universo por desvelar. Nuestros alumnos son mucho más que notas y tareas; son almas que esperan ser vistas y oídas, que necesitan que alguien esté ahí para ayudarlos a descubrir sus alas y para que puedan, en algún momento, alzar el vuelo. Pero... ¿cuántas veces nos detenemos lo suficiente como para realmente verlos? ¿Cuántas veces afinamos nuestros oídos para escuchar las melodías únicas que cada uno de ellos nos quiere tararear o cantar?

Cada día que pasa estoy más convencido de que la educación es un arte en manos de tejedores de alas y de exploradores de cielos.

Cuando hablo de alas, me refiero a esas habilidades, a esos talentos innatos que cada niño trae consigo; son los sueños dibujados en los márgenes de un cuaderno, las ideas que florecen en una conversación al final de la clase, ese mensaje que escribirían en una cápsula del tiempo para su yo futuro. Nuestro deber como educadores es intentar percibir esas alas, apreciarlas en todo su esplendor y ayudarles a desplegarlas sin miedo.

Pero detectar sus alas no es suficiente; debemos buscar su cielo, crear esos espacios donde puedan volar y explorar sus propias capacidades. Para ello es necesario huir de la pirotecnia educativa, esa que deslumbra, pero no alumbra. No es cuestión de tener el aula llena de recursos infinitos; es cuestión de disponer de aquellos que realmente sumen, que realmente conecten con ellos. Se trata de construir experiencias auténticas y significativas, donde cada alumno encuentre su propio ritmo y su propia música. Al final, lo más importante es cuánto de lo que aprenden los impulsa hacia adelante para acercarlos a ese momento único en el que los pies se despegan del suelo.

Eso sí, debemos ser conscientes de que educar para el vuelo no significa solo celebrar sus éxitos, sino también abrazar sus fracasos como parte del proceso de aprender a volar. Es ayudarlos a comprender que, al igual que en la vida, en el vuelo hay corrientes de aire que elevan y otras que empujan hacia abajo. Es mostrarles que tienen derecho a equivocarse y que en cada caída puede hallarse una lección escondida.

Para ver sus alas y buscar su cielo, debemos primero deshacernos de aquello que no nos permite percibir ni escuchar con claridad: el ruido de las evaluaciones que solo etiquetan y condenan, la obsesión con lo inmediato y lo cuantificable, el miedo a no seguir el ritmo frenético de las tendencias educativas, la burocracia elevada e innecesaria... Aligeremos nuestra carga y enfoquémonos en lo esencial: en el ser humano que se sienta cada día frente y junto a nosotros, en esos ojos que nos miran esperando ser vistos y descubiertos.

Démosles y démonos la calma, el espacio y el tiempo necesario para que juntos podamos ver esas alas y buscar esos cielos; la calma, el espacio y el tiempo necesario para que cada uno pueda volar tan alto como sea capaz de volar; la calma, el espacio y el tiempo necesario para que cada uno se sienta valorado, escuchado y capaz; la calma, el espacio y el tiempo necesario para que vuelen su propio vuelo.

Si alguien ha de poner límites al cielo o techos sobre sus cabezas, ese no ha de ser nunca el maestro. Debe ser raro tener alas y no poder volar, ¿verdad?

Muchos de nuestros alumnos pueden volar incluso sin grandes alas, incluso sin viento, incluso sin cielo. Una y otra vez lo hacen y nos empeñamos en no verlo.

> Soñamos con una escuela
> que vea sus alas
> y busque sus cielos.

2

Sueño con una escuela donde los «docentes torre de control» se convierten en «docentes avión»

Imaginad el aula como un aeropuerto. Así he llegado yo hasta aquí para contaros lo que os voy a contar.

Durante años, muchos docentes hemos asumido el rol de una «torre de control», desde donde supervisamos el despegue, el vuelo y el aterrizaje de nuestros alumnos, dándoles instrucciones desde lejos y vigilando, con mirada atenta, sus trayectorias. Pero… ¿es esto lo que verdaderamente hoy necesita nuestro alumnado? Me gustaría proponeros un cambio de perspectiva: dejemos de ser «docentes torre de control» y convirtámonos en «docentes avión», que se elevan y sobrevuelan su aula para verla mejor, pero que también aterrizan en la mesa de aquellos que más lo necesitan en cada momento.

Un docente no puede quedarse siempre sentado, viendo cómo los alumnos avanzan solos por el aire haciendo actividades repetitivas, y en muchas ocasiones descontextualizadas, de un libro de texto, sin más, como si todos tuvieran el mismo combustible, como si todos conocieran la ruta a la perfección. Cada uno vuela a una velocidad distinta, a una altitud diferente y con desafíos únicos. Es ahí, justo ahí, donde debemos transformarnos en docentes «avión», volar y aterrizar en el lugar preciso para ofrecer el apoyo adecuado.

Ser un «docente avión» significa estar en constante movimiento para adaptarse a las necesidades de cada niño. A veces, el alumno necesita volar en solitario, pero, otras veces, requiere que descendamos para situarnos junto a él, para sentarnos en su «cabina» y para ayudarle a controlar las turbulencias del aprendizaje. No basta con observar desde la distancia; hace falta actuar con precisión, ofreciendo pequeñas dosis de atención, preguntas que despierten la reflexión y apoyo emocional para que pueda seguir su trayecto.

El maestro que se mueve por el aula, que vuela y aterriza, no es el que «salva» al alumnado, es el que le enseña a ser autónomo. Acompañar no es hacer el trabajo por ellos, es ayudarlos a encontrar las herramientas necesarias para despegar por sí mismos. Este rol de «piloto acompañante» promueve la autogestión y la reflexión crítica, habilidades esenciales para la vida presente y futura de cualquier persona.

Dejar de ser torre de control también implica una renuncia a una vieja idea de la que suelo hablar, la idea del ABF (Aprendizaje Basado en Fichas) y del CAS (Culo Atornillado a la Silla) como única fuente de aprendizaje, como yugo que esclaviza nuestra manera de enseñar y su forma de aprender. El libro de texto no puede ser la única pista de despegue. Hay que diversificar y enriquecer, llevar al alumnado a explorar nuevos cielos, con experiencias vivenciales, proyectos y retos que no solo los mantengan ocupados, sino que les hagan sentir la brisa en la cara mientras avanzan.

Nuestros alumnos, al igual que los aviones, necesitan el viento correcto para volar. Ese viento es el entorno emocional y pedagógico que los rodea, y como docentes, somos responsables de que lo reciban. Volar no es solo adquirir conocimientos, es también desarrollar habilidades sociales, emocionales y creativas. Por eso, cuando aterricemos en su mesa, no nos olvidemos nunca de preguntarles cómo se sienten, ya que un alumno que se siente bien aprende mejor; ya que cuando el corazón está tranquilo, el cerebro está más dispuesto y activo.

Dejemos de ser una torre que da órdenes desde las alturas y convirtámonos en ese avión que vuela junto a ellos, aterrizando cuando sea necesario, pero siempre permitiéndoles ser los pilotos de su vuelo; siempre enseñándoles a volar y a encontrar su propio horizonte.

Cuando lo hacemos bien, no solo guiamos el despegue, sino que les enseñamos a dominar los cielos por sí mismos y a aterrizar con seguridad. Así que, querido maestro, querida maestra, ajusta tus alas, respira profundo y vuela. ¡Tus alumnos te están esperando!

Educar es volar juntos y saber que el cielo no siempre es el límite.

Si queremos que nuestros alumnos lleguen lejos, primero hagamos que se sientan cerca. Para ello, es imprescindible convertirse en «docente avión».

3

Sueño con una escuela que no padezca el síndrome Doraemon

En un mundo educativo donde parece que cada día surge una nueva metodología, un nuevo recurso tecnológico o una ley educativa más, nos enfrentamos al peligro de convertirnos en docentes con el «síndrome Doraemon». Como este famoso gato cósmico, sentimos la obligación y la necesidad de tener siempre a mano el más novedoso «cachivache» que resuelva cualquier situación, como si la educación dependiera únicamente de la última herramienta innovadora o del método pedagógico de moda.

Este síndrome Doraemon nos lleva a creer que cuantos más recursos y materiales tengamos para ofrecer, mejor será nuestro trabajo como docentes. Sin embargo, la realidad es muy distinta. Saturar nuestras aulas y a nuestros alumnos con un exceso de herramientas y métodos no solo puede resultar contraproducente, sino que también puede generar una sobrecarga que asfixia tanto el proceso de enseñanza como el de aprendizaje. ¡Cuidado con los excesos en el ámbito educativo! Todo exceso suele manifestar una carencia.

No voy a ser yo quien diga que en educación no es bueno disponer de muchos recursos, ¡claro que lo es! Eso sí, sirven cuando se hace uso de ellos con un propósito claro y en el momento adecuado. Los recursos son muy necesarios, pero más necesario es saber cuándo y cómo utilizarlos. Más vale poco para aplicar que mucho para adornar.

Al igual que una planta que se marchita por recibir demasiada agua, la pirotecnia TPM (tecnológica, pedagógica y metodológica) de la que suele hablar, lejos de enriquecer, puede apagar el verdadero potencial de nuestros alumnos e incluso el nuestro. No se trata de tenerlo todo, se trata de saber usar lo que realmente importa y es útil.

En nuestra búsqueda por ser docentes perfectos, capaces de atender cada necesidad y desafío con una solución instantánea, corremos el riesgo de perder de vista lo esencial: la conexión humana, la escucha activa, la atención a los ritmos individuales y la simplicidad que permite un aprendizaje más profundo y significativo.

No necesitamos ser maestros con un bolsillo mágico lleno de cachivaches. No necesitamos ser los Mozart de la educación. Lo que realmente necesitamos es volver a lo básico: cultivar la paciencia, respetar los tiempos y ofrecer a nuestros alumnos las herramientas necesarias para que ellos mismos descubran, construyan y transformen su propio conocimiento.

Así que, en lugar de intentar ser docentes Doraemon, con recursos infinitos y soluciones para todo, busquemos ser docentes que acompañan a sus alumnos desde el conocimiento, la competencia y la evidencia; docentes que saben cuándo dar un paso atrás y que permiten que sean sus alumnos quienes den un paso adelante para tomar la iniciativa; quienes aprendan a resolver, a equivocarse y a crecer. Solo así, podremos formar personas autónomas, críticas y verdaderamente preparadas para enfrentarse a los desafíos de la vida.

Este complejo de gato cósmico del que os hablo, muchas veces, nos lleva a pensar que más es mejor, sin darnos cuenta de que el verdadero aprendizaje florece y se enciende cuando dejamos el «bolsillo mágico» cerrado y abrimos nuestro corazón.

¿Te atreves a dejar de ser un docente Doraemon?

4

Sueño con una escuela donde la buena educación, simplemente, sea verdad

Un día, tomé un café con una madre de tres niños (ya adultos) de los que tuve la suerte de ser tutor. Ella también es familia de acogida, como nosotros, y me decía que el chico que tiene en acogida «va mejor o peor dependiendo del tutor que le toque cada curso escolar». Recuerdo que, después de intercambiar muchas ideas y opiniones, le comenté lo siguiente:

> Que un alumno tenga un buen docente que le enseñe
> y lo acompañe no debería ser cuestión de suerte,
> debería ser cuestión de justicia. Todo alumno se lo merece.

Y de esa conversación, nace este capítulo que comenzaré con esta breve reflexión:

> Si la educación es el porvenir y el alma de un pueblo,
> ¿podemos permitir que sea incierta?
> ¡La respuesta es no! La respuesta es que...

> *... La buena educación, simplemente, debe ser verdad.*

La buena educación no es cuestión de azar,
es cuestión de justicia;
justicia que debe florecer en las aulas.

La buena educación no es cuestión de casualidad,
es cuestión de causalidad;
causalidad proveniente de la reflexión y de la determinación.

La buena educación no es cuestión de probabilidad,
es cuestión de seguridad;
seguridad garantizada en cada mirada, gesto y palabra.

La buena educación no es una lotería,
no es una moneda lanzada al viento,
ni la suerte que decide a quién le toca.

Es un derecho que nace en cada niño,
un compromiso que debe cumplirse,
una semilla que nunca tiene que marchitar.

La buena educación no es un golpe de fortuna,
es la causa que abre puertas,
es el cimiento de una comunidad justa,
es un faro que ilumina con equidad.

La buena educación no puede depender
de lo imprevisible, del «quizás» o del «a lo mejor».
Es la certidumbre que todo niño merece.
Es intención, es acción.
Es raíz, tallo, flor y fruto.
Es la utopía de un mundo mejor,
el baluarte contra la ignorancia y la manipulación.

La buena educación es un acto consciente,
es el respeto que moldea mentes despiertas,
es la brújula que orienta con precisión.
Es el pulso firme que alienta el crecimiento,
el suelo fértil donde germina el pensamiento.

La buena educación no es una excepción
solo para unos pocos afortunados,
es para todos, sin distinciones,
es el motor que impulsa generaciones.

La buena educación no puede depender de leyes,
leyes emanadas de venganzas electorales
y de políticas enfrentadas;
ni tampoco de quién se cruce en el camino del niño.
Debe ser garantía y certeza.

La buena educación no improvisa,
no se deja en manos del destino,
es el legado que la sociedad construye,
la base firme de toda humanidad.

La buena educación es más que enseñanza,
es una promesa cumplida,
un puente hacia el mañana.
Es el hilo invisible que nos une y que nuestro corazón reclama.

La buena educación no es un favor,
es un compromiso firme,
es una deuda que no se puede aplazar.

La buena educación es legítima
y cada paso en su ausencia deja puertas abiertas
a la injusticia, al abandono y a la desigualdad.

Es nuestra responsabilidad:
asegurar que cada niño reciba lo que merece,
que su futuro no penda del deseo pedido a una estrella fugaz.

Pensemos en el poder que tenemos,
en el eco de cada decisión tomada o no tomada,
en que la buena educación no es un privilegio.

Porque, al final, la educación que brindamos
será el reflejo de quienes somos como humanidad.

Y si queremos construir un futuro más justo
la buena educación, simplemente, debe ser verdad.

5

Sueño con una escuela repleta de docentes «ópticos»

En muchas ocasiones, nuestros hijos e hijas, nuestros alumnos y alumnas, no suelen hacer lo que les decimos, pero en muchos momentos, sí suelen hacer lo que hacemos. No me cansaré de repetirlo, enseñamos más con una vez que hagamos que con veinte que digamos. El ejemplo enseña y educa; el ejemplo es una gran fuente de aprendizaje que nunca debemos obviar ni desaprovechar. Todos sabemos que las palabras pueden impresionar, pero son las acciones las que van más allá y logran enamorar y perdurar.

Ojalá que con nuestro ejemplo consigamos hacer realidad estos «ojalás»:

Ojalá se ponga de moda elogiar a otros
y buscar el lado bueno de las cosas.

Ojalá se ponga de moda ayudar los demás
y agradecer mucho más.

Ojalá se ponga de moda ser amable
y saludar con una sonrisa.

Ojalá se ponga de moda disfrutar de lo simple
y respetar las diferencias.

Ojalá que cuando cualquier hijo o alumno piense en el respeto y en la bondad, piense en su madre, en su padre, en su maestro o en cualquier amigo o familiar. Eso sería muy buena señal.

De una manera o de otra, debemos convertirnos en una especie de ópticos que ayudemos a nuestros hijos o alumnos a enfocar la mirada para descubrir las necesidades que existen a su alrededor; para que se conviertan en la mejor persona que puedan llegar a ser; para que nunca les deje de doler el dolor ajeno; para que se den cuenta de que no existe persona más inteligente que aquella que se preocupa por la gente; para que nada bueno les quede por decir al otro y nada necesario les quede por hacer por el de al lado; para que miren el mundo a través de la lentes de la empatía, de la honestidad, de la colaboración, del respeto, de la solidaridad, de la responsabilidad y de la valentía.

Nuestras acciones y nuestras palabras son semillas que pueden brotar y transformarse en posibilidades y en realidades. El ejemplo es contagioso y una de las principales herramientas que tenemos en nuestras manos para educar. Es bueno saberlo, es bueno tenerlo en cuenta. Contagiad bien y no miréis a quién.

Esto requiere de nosotros, los docentes, dos acciones que deberíamos llevar a cabo de manera más habitual:

1. Cambiar, a menudo, alguna lección del libro por alguna lección de vida, teniendo en cuenta siempre que tu sonrisa puede ser revulsivo, refugio y salvación para muchos de tus alumnos.

2. Desenjaular a nuestros alumnos que viven enjaulados en jaulas, «en-aulados» en aulas. Esas escuelas suelen dejar secuelas. La escuela debe y tiene que salir de la escuela para que sus alumnos vean que el mundo es más grande que el aula en el que les enseñamos.

En algunas de las entrevistas que suelen hacerme siempre hay una pregunta que se repite: ¿Qué es para ti educar?

Pues bien, me atrevo a responderla de la siguiente manera:

Para mí, educar es soñar personas abiertas y sensibles a las realidades del mundo y hacer todo lo que esté en nuestras manos para que ese sueño se convierta en realidad.

Personas capaces de vestirse con distintas pieles y de caminar con otros zapatos.

Personas que quieren para el otro lo que quieren para sí mismas.

Personas que tallan las palabras que pronuncian con delicadeza hasta que adquieren esa forma exacta que les permite encajar en corazones ajenos.

Personas que son conscientes de que toda persona puede mejorar o empeorar la vida de otra persona y asumen esta responsabilidad.

Personas capaces de llorar con las tristezas de otros y capaces de reír con sus alegrías.

Personas que saben que nuestro planeta necesita más humanidad y más unidad.

Personas valientes que se atreven a amar, a hacer lo que hay que hacer, a unir fuerzas para superar las dificultades y a buscar soluciones a los problemas.

Personas que son conscientes de que, si cada uno de nosotros pusiéramos una simple y pequeña tirita al planeta, este dejaría de desangrarse y empezaría a curarse.

Personas que aprenden a vivir como se ha de vivir:

Vivir la vida sin ser
un problema para el que
tenemos en frente.

Vivir la vida sin pisar
a otros para prosperar.

Vivir la vida sin criticar
a los demás.

Vivir la vida llevando
paz allí donde nos haya tocado estar.

Vivir la vida.
Vivirla de verdad.

Personas con bocas vacías de reproches, recubiertas de respeto y con corazones sin rastros de rencor.

Personas con mentes abiertas y libres de odio.

Personas con oídos repletos de escucha y de comprensión.

Personas con manos llenas de esperanza y con miradas que rebosan empatía.

Personas con sonrisas impregnadas de sinceridad y con abrazos colmados de amistad.

PERSONAS, eso somos, eso educamos, PERSONAS.

¡Sigamos soñando!

6

Sueño con una escuela que no haga *zapping* educativo

Se murió una planta de tanta agua que le di.
Entendí entonces que dar de más, aunque sea bueno,
no siempre es lo correcto, no siempre es lo mejor,
no siempre es lo necesario.

En educación, cambiamos constantemente de «canal» sin llegar a disfrutar y a profundizar nunca en nada. El exceso de metodologías, de tecnología y de leyes educativas es tan malo como la ausencia de estas.

Este *zapping* educativo al que asistimos y en el que vivimos inmersos nos conduce ineludiblemente a convertirnos, como ya dije en el capítulo 3, en docentes Doraemon, que se sienten obligados a tener de todo para todo y para todos. Este complejo de gato cósmico nos lleva, en muchas ocasiones, a saturar nuestras aulas y a creernos insustituibles, aunque la realidad es otra y todos sabemos que el mundo no dejará de girar sin nuestra presencia; que existen muchos más caminos que el propio para educar, para vivir; que no solo nosotros somos capaces de hacer fructificar aquello que tenemos planificado para nuestro alumnado; que sin tanto también es factible hacer la cosas bien o incluso de manera más conveniente.

Hay un dilema muy moderno y de total actualidad:

Existen incontables plataformas y canales de televisión, pero pocas películas y series realmente interesantes de ver.

Demasiadas opciones nos alejan de la serenidad y de la tranquilidad que se requiere para alcanzar aprendizajes duraderos y profundos; de la serenidad y de la tranquilidad que se precisa para trabajar con creatividad y eficiencia.

Ya sabéis que, al menos en nuestro país, no existen leyes educativas, existen venganzas, *vendettas* electorales. Nuestras leyes de educación cambian sin cesar, sin llegar a sumergirnos en los aspectos realmente importantes de las mismas. Si en todas las leyes educativas figura que nuestra educación debe ser personalizada, también debería figurar que nuestra ratio será bajada. A aspectos como este me refiero.

A veces, para escuchar hay que callar la boca, al igual que para ver hay que cerrar los ojos. Si lo hacemos, nos daremos cuenta de que hoy, en el ámbito educativo, hay muchas herramientas, estrategias, metodologías y materiales considerados «tradicionales» que deberían seguir en nuestras aulas y hogares por su demostrada eficacia y valía. Al igual que hay muchas herramientas, estrategias, metodologías y materiales considerados «innovadores» que no deberían estar en ellas por su falta de validez y por su ineficiencia para generar aprendizajes.

Un restaurante que se especializa en una selección de platos suele ser mejor que aquel que ofrece una carta infinita, ¿verdad? Desde mi punto de vista, con las escuelas ocurre lo mismo y más vale poco bueno que mucho regular o malo.

Dicho *zapping* educativo nos puede confundir, desorientar y paralizar. Debemos saber filtrar y huir de las metodologías y de las herramientas que tan solo son moda o tendencia decorativa y aprender a elegir aquellas que realmente sean útiles y que se adaptan a nuestro contexto y a nuestros objetivos.

Vivimos en la época del tiempo sin espera. Parece que se rechaza todo lo que no es inmediato e instantáneo, ¿no os parece? Está claro que para empezar a hacer algunas cosas hay que dejar de hacer otras. Este quehacer frenético puede conducirnos a una merma de los aprendizajes y eso no puede ser ni lo apropiado ni lo pretendido por cualquier centro educativo. Disminuir la marcha, dejar de cambiar constantemente de canal se ha convertido hoy en día en un imperativo de supervivencia y en garantía de éxito.

Otro tema que nos pueda desconcertar es el uso de las TIC. En educación hay que estar ojo avizor porque la tecnología puede enmascarar, camuflar y disfrazar de innovación cosas que no lo son. Además, hemos de ser plenamente conscientes de que, en un colegio o en un instituto, la tecnología ha de servir siempre para aprender, nunca para distraer.

A veces, lo que introducimos porque es nuevo
no aporta más valor que lo que quitamos porque es viejo.

Me gusta que mis alumnos utilicen la tecnología, pero no me gusta nada que la tecnología utilice a mis alumnos. Por este motivo, debemos fomentar su espíritu crítico para que sean capaces de ver los peligros escondidos de las TIC y para que aprendan a utilizarlas con sensatez.

Recordad que las TIC sin un propósito claro son un auténtico despropósito; que la tecnología sin metodología es simple y cara cacharrería que poco o nada pinta entonces en nuestras aulas y en nuestros hogares.

La velocidad con la que introducimos metodologías, tecnologías y leyes en las aulas y en nuestro sistema educativo no va acorde con la velocidad con la que se generan y se asientan los aprendizajes.

APRENDEN MÁS...

Aprenden más cuando el ritmo es el adecuado,
aprenden más cuando los recursos son simplemente los necesarios,
aprenden más cuando nos paramos,

aprenden más cuando no saturamos,
aprenden más cuando no los mareamos,
aprenden más cuando los escuchamos,
aprenden más cuando deliberamos,
aprenden más cuando crean con las manos,
aprenden más cuando con ellos contamos,
aprenden más cuando manejamos a la perfección las materias
que impartimos,
aprenden más cuando con cariño y respeto les hablamos,
aprenden más cuando evaluamos con sentido,
aprenden más interactuando y reflexionando,
aprenden más cuando focalizamos,
aprenden más cuando de autonomía les dotamos,
aprenden más cuando en su justa medida les exigimos,
aprenden más cuando sus ritmos respetamos,
aprenden más cuando simplificamos,
aprenden más cuando los acompañamos,
aprenden más cuando no los etiquetamos,
aprenden más evocando y utilizando los conocimientos
adquiridos,
aprenden más cuando les decimos cómo van y les damos un
feedback adecuado,
aprenden más cuando a las familias involucramos,
aprenden más cuando planificamos,
aprenden más cuando creemos en ellos,
aprenden más cuando los alentamos,
aprenden más cuando les enseñamos diferentes caminos para
llegar a un destino,
aprenden más cuando nos coordinamos,
aprenden más cuando sus intereses contemplamos,
aprenden más cuando los miramos,
aprenden más cuando reímos,
aprenden más cuando somos ejemplo viviente de todo aquello
que enseñamos,

aprenden más cuando, sencillamente, ahí y para ellos estamos,
aprenden más...

Recuerda que, en educación,
la innovación no está en la tecnología,
está en tu manera de mirar a tus alumnos día a día.

Finalizo este capítulo con una preocupación que últimamente
me acompaña:

Me preocupa la educación *scroll*
y el aprendizaje *fake*.

Enseñamos deprisa lo que toca
y para adelante, ¡rápido!,
pase lo que pase,
aprendan lo que aprendan.

Y no nos damos cuenta de que
para pasar a lo siguiente
hay que asentar lo de atrás.

Y no nos damos cuenta de que
«escroleamos» temas y libros,
días y cursos,
conocimientos y contenidos.

Y no nos damos cuenta de que
saltamos sin parar,
hojeamos sin nunca habitar,
silenciando una gran verdad:

No se puede avanzar sin antes sembrar;
lo que no se asienta no llega a brotar.

7

Sueño con una escuela llena de docentes «abeja»

Hay un dicho que dice y dice muy bien que existen dos tipos de personas:

– Las personas «mosca»: son aquellas que da igual el lugar tan bonito donde las pongas que siempre, siempre, siempre van a encontrar su pedacito de caca.

– Y las personas «abeja»: son aquellas que da igual el lugar tan feo donde las pongas que siempre, siempre, siempre van a encontrar la flor y la miel.

En cada rincón del mundo, podemos toparnos con estos dos tipos de personas que, como en la naturaleza, encuentran su espacio según su visión. Las personas «mosca» que, sin importar cuán radiante sea el jardín, siempre se enfocarán en el rincón menos grato, en las sombras. Y las personas «abeja» que, incluso en un paraje árido, lograrán hallar esa flor que guarda la dulzura de la miel. Ambas viven en el mismo entorno, pero ven y perciben realidades muy distintas.

En educación, este contraste define el clima que reina en nuestras aulas y en nuestros centros escolares.

¿Seremos moscas que buscan problemas en cada esquina o abejas que detectan posibilidades en cada reto?

Uno de los problemas a los que nos enfrentamos es que por más que la abeja le explique a la mosca que la flor es mejor que su pedacito de caca, esta no lo va a entender porque siempre ha vivido en ella. Por más que la abeja intente describir a la mosca la dulzura del néctar, esta no podrá llegar a hacerse una idea de dicho sabor. Su mundo, sus hábitos y su visión siempre la llevará a los lugares oscuros. Pues bien, de igual forma, en nuestros equipos docentes o entre nuestras familias, a menudo nos hallamos con quienes se quedan atrapados en lo negativo, en el fallo, en la crítica constante.

¿Cómo podría cambiar la atmósfera de un centro educativo si todos decidiéramos ser abejas?

Ser abeja en educación significa buscar la flor donde parece no haberla. Es reconocer las pequeñas victorias: el alumno que finalmente se atreve a levantar la mano, ese niño que por fin y después de mucho esfuerzo aprende a dividir, el grupo que por primera vez trabaja unido o esa familia que, poco a poco, se acerca más a la escuela. Es también aceptar que, aunque la perfección no existe, el progreso constante es posible si nutrimos nuestro entorno con esperanza, optimismo y compromiso.

Los docentes «abejas» saben que cada niño es una flor en potencia. Ven en los desafíos oportunidades para crecer juntos, transformando los fracasos en aprendizaje. Estas abejas llevan la miel de la resiliencia y la creatividad a cada rincón del aula y en vez de dejarse llevar por las nubes grises, trabajan con ahínco hasta que el sol vuelva a salir. Esto no quiere decir que los docentes «abeja» ignoren los problemas, no lo hacen, pero eligen no quedarse atrapados en ellos; eligen buscar lo bueno, lo valioso y lo que merece ser celebrado. Estos docentes inspiran a sus alumnos a ver el lado positivo de las cosas, a buscar soluciones y a reconocer que, aunque no siempre se puede cambiar la realidad, sí se puede cambiar la manera en la que decidimos enfrentarnos a ella.

Los docentes «abeja» enseñan con su ejemplo, mostrando que cada día tiene algo bueno que ofrecer si aprendemos a buscar y a ver las flores que nos rodean. Estos docentes no solo buscan flores en sus alumnos, también las buscan en sus compañeros y en las familias. Reconocen el valor de cada compañero, destacando sus fortalezas y aprendiendo de sus experiencias. Ellos saben que las familias, con sus luces y con sus sombras, son un pilar esencial para el aprendizaje y por este motivo cultivan la colaboración, tejen redes de apoyo y construyen comunidades educativas donde todos aportan su néctar. Son conscientes de que en la colmena educativa cada abeja cuenta.

Cuando decidimos ser abejas, nos volvemos arquitectos de climas positivos. Nuestro alumnado siente que sus esfuerzos son valorados y que sus errores son vistos como peldaños hacia el éxito. Las familias se convierten en aliadas y el aula deja de ser un espacio de control para ser un refugio donde todos tienen cabida.

¡Seamos abejas!

Ser mosca es fácil, porque la queja y la crítica siempre encuentran su lugar, pero ser abeja requiere de mucha valentía. Es una invitación a transformar la rutina, a ver belleza donde otros ven monotonía, a creer en el potencial humano aun en los terrenos más difíciles. En nuestras manos está la decisión de cultivar esta actitud y contagiarla en nuestras comunidades educativas.

La próxima vez que veas una flor, recuerda: podemos ser moscas o abejas, pero solo quienes eligen el camino del optimismo y la colaboración logran cambiar el mundo o, al menos, su pedacito de mundo.

Si en un colegio hay muchas «moscas», eso significa (perdón por la expresión) que hay mucha mierda en él.

Solo en una escuela llena de «abejas» podemos construir un mundo más amable, más fuerte y lleno de posibilidades.

Y recuerda, el que busca encuentra, ¿tú que buscas? ¿El pedacito de caca o la flor y la miel?

Para hacer queso no puedes tener mala leche.
Para hacer vino no puedes tener mala uva.
Para educar no puedes ser pesimista.

El pesimismo inmoviliza,
el optimismo da alas.

8

Sueño con una escuela sin TEE (Trastorno Específico de Enseñanza) y sin TDA (Trastorno por Déficit de Atención)

En un mundo lleno de ruido y distracciones, nuestras escuelas corren el riesgo de desarrollar lo que podría llamarse un Trastorno Específico de Enseñanza (TEE) o un Trastorno por Déficit de Atención (TDA). Sí, escuelas que enseñan mucho, pero que logran que sus alumnos aprendan poco; escuelas que no logran centrarse en lo verdaderamente importante: los niños, sus necesidades, sus sueños y sus capacidades.

¿Cómo evitamos caer en estas trampas?
¿Cómo construimos un sistema educativo que,
en lugar de enseñar tanto *sin ton ni son*,
inspire a aprender mejor?

No debemos olvidar que nadie es tan grande que no pueda aprender, ni tan pequeño que no pueda enseñar. La enseñanza no es unidireccional; es un proceso compartido, un baile constante entre el saber y el descubrir, entre guiar y dejarse sorprender.

Cuando un niño nos enseña cómo ve el mundo, nos regala una perspectiva nueva y fresca que nunca deberíamos ignorar y que siempre deberíamos aprovechar.

En nuestras aulas, la verdadera magia ocurre cuando escuchamos más allá del silencio, cuando vemos más allá de las notas de un examen. Cada alumno es un universo y, como buenos exploradores, debemos estar atentos para descubrir sus estrellas y constelaciones. No se trata de llenar sin más sus mentes de datos; se trata de encender en ellos la chispa del conocimiento. Hacer por hacer y sin parar a reflexionar no nos lleva a ningún lugar ni les permite aprender en condiciones. Reflexionemos, ya que la ciencia y la evidencia nos dice que un sistema educativo sobresaturado de información y que transmite dicha información a alta velocidad atrofia la capacidad de concentración. Y también nos dice que la capacidad de concentración influye en el desarrollo de la inteligencia y de nuestras relaciones sociales, así como en el aprendizaje. ¿Entonces?

Para llegar a ser una escuela sin TEE o TDA hemos de ser conscientes de que la personalización y la inclusión no son modas, son imperativos éticos. No todos aprendemos al mismo ritmo ni de la misma manera y por ello es vital construir programas que abracen esta pluralidad. Una educación inclusiva no solo beneficia a los alumnos con necesidades específicas; enriquece a todos, pues nos enseña que la diferencia no divide, sino que fortalece; que la diversidad no es una dificultad, sino una oportunidad.

Si hablamos de aprendizaje, ¿tiene sentido hacer lo mismo, al mismo tiempo, al mismo ritmo y para los mismos? ¡No a *lo mismo*!

Nuestras escuelas no deben ser únicamente fábricas de contenidos, deben ser hogares de aprendizaje. Como educadores, tenemos la responsabilidad de ser guías atentos, observadores comprometidos y facilitadores del crecimiento personal e intelectual de nuestros alumnos. Más que enseñar, nuestro objetivo debe ser inspirar a aprender, crear entornos donde cada alumno encuentre su camino y su ritmo; entornos donde se sientan queridos y seguros para así poder evolucionar.

Cambiemos el foco. No seamos escuelas con TEE o con TDA; seamos escuelas con alma en las que el aprendizaje sea el verdadero protagonista. Al final, lo que realmente importa no es tanto cuánto enseñamos, sino cuánto aprenden nuestros alumnos.

9

Sueño con una escuela
que utiliza la «técnica del sándwich»

En el aula, como en la vida, las palabras no solo construyen mensajes, sino también puentes. Cuando corregimos a nuestros alumnos, no basta con señalar el error o pedir un cambio; necesitamos cuidar el cómo lo hacemos porque la retroalimentación, además de ser una herramienta pedagógica, es también un acto de empatía y conexión.

Os quiero hablar de una estrategia sencilla, pero poderosa para dar un *feedback* efectivo: la técnica del sándwich. Como un buen sándwich, esta técnica tiene tres capas: la primera, cálida y positiva; la segunda, constructiva y orientada a la mejora; y la tercera, amable y motivadora.

Primera capa: el refuerzo positivo que alimenta la confianza.

Comencemos por lo positivo. En esta primera capa, reconocemos los esfuerzos y logros de nuestros alumnos. Este momento inicial no es un simple cumplido; es una declaración de aprecio sincero que refuerza lo que están haciendo bien.

Por ejemplo, si un alumno ha escrito un relato creativo con errores gramaticales, podríamos comenzar diciendo: «Me encanta cómo has desarrollado la historia, especialmente los personajes; son realmente interesantes y muestran mucha imaginación».

Este inicio abre las puertas de la confianza. Al destacar lo positivo, nuestros alumnos se sienten vistos y valorados y esto los predispone a aceptar la retroalimentación sin miedo ni rechazo.

Segunda capa: la crítica constructiva que invita al cambio.

La segunda capa es el corazón del sándwich: la crítica constructiva. Aquí señalamos áreas de mejora de manera concreta y respetuosa, dejando claro que nuestra intención es ayudar, no juzgar.

Siguiendo el ejemplo anterior, podríamos continuar con algo como: «He notado que hay algunos errores en la gramática que podríamos corregir juntos. Si revisas cómo usas los tiempos verbales, tu historia será aún más sólida y fácil de leer».

El lenguaje es clave: usemos siempre un tono alentador, evitando etiquetas o juicios. Hablar de «mejoras» en lugar de «errores» cambia la percepción del alumno, transformando la crítica en un reto asumible y motivador.

Tercera capa: la gratitud que cierra con optimismo.

Para terminar, cerramos el *feedback* con una expresión de gratitud o halago, dejando al alumno con una sensación positiva y reforzando su motivación.

Podríamos concluir diciendo: «Gracias por compartir esta historia tan original conmigo. Estoy seguro de que si sigues así, podrás escribir relatos cada vez más fascinantes. ¡Sigue adelante, tienes mucho potencial!».

Este cierre amable no solo refuerza el mensaje, sino que deja la puerta abierta para futuros intercambios. Es un recordatorio de que creemos en ellos y en su capacidad para mejorar. El poder de las expectativas siempre debe ser tenido en cuenta.

La técnica del sándwich no es un truco vacío, es una forma estructurada de mostrar respeto y cuidado hacia nuestros alumnos mientras los guiamos en su aprendizaje. Al emplearla, logramos más que una corrección: fomentamos la autoestima, la autoconfianza y el deseo de mejorar.

Además, esta técnica nos invita a reflexionar sobre nuestras propias palabras y cómo afectan a quienes nos escuchan. No olvidemos que las palabras que salen de nuestra boca son semillas que germinan en sus mentes y corazones.

¿Quieres alimentar su aprendizaje?
¡¡Prepárales un buen sándwich!!

Retroalimentar no es simplemente corregir; es inspirar, guiar y construir. Con esta sencilla técnica, transformamos un momento de corrección en una experiencia de aprendizaje significativo. Hemos de tener siempre presente que, en educación, como en la vida, los cambios más profundos nacen del respeto y de la confianza.

Os invito a probar esta técnica y a descubrir cómo un simple sándwich puede nutrir el aprendizaje y fortalecer los vínculos.

Si queremos que cualquier alumno llegue lejos,
primero debemos conseguir que nos sienta cerca.

10

Sueño con una escuela que llena menos informes y más corazones

Mirar más allá de los papeles,
priorizar a las personas,
llenar menos informes
y más corazones.

Creo que en educación hay una verdad que a menudo olvidamos en medio del ruido de la burocracia: los papeles no sienten, pero las personas, sí. En este torbellino de informes, programas, programaciones, actas, sesiones y reuniones, hemos llegado a confundir la finalidad con los medios, cargando nuestras manos (y ordenadores) de hojas y documentos mientras nuestras miradas se alejan de esos rostros; de esos ojos que realmente importan y necesitan ser apreciados.

Educar no es simplemente cumplir con un expediente o con un registro; educar es estar presente y cumplir con quienes realmente debemos cumplir, con nuestros alumnos. Educar es mirarlos no como si fueran un dato, sino como lo que son, un latido único e irrepetible. Deberíamos recordarlo cada vez que el peso de los papeles amenace con encorvarnos y con alejarnos de lo importante de nuestra labor; cada vez que el virus BERE (Burocracia Excesiva y Ratio Elevada) nos haga dudar de cuál es el verdadero norte de nuestra labor.

Los informes son necesarios, sí, pero nunca deberían ser más grandes que nuestros alumnos y sus corazones ni más importantes que las historias de vida que nos cuentan quienes llenan nuestras aulas.

¿Papeles e informes? Sí, claro, pero los justos e indispensables.

A menudo nos vemos en la tesitura de elegir entre dos *pes*: *papeles* o *personas*.

Si quedan 20 actividades sin hacer, tienes eso, 20 actividades sin hacer.

Si quedan 20 papeles sin rellenar, tienes eso, 20 papeles sin rellenar.

Pero… si quedan 20 ojos sin ver, tienes 10 corazones sin atender.

Tú eliges.

Nuestra tarea docente se asemeja a un árbol que florece. Su tronco son las relaciones humanas y esas raíces profundas que conectan con cada alumno, pero últimamente, parece que regamos más las ramas del papeleo que las raíces del vínculo y del afecto. Y como ya dije en otra ocasión: hasta una planta puede morir de tanta agua que le das si no atiendes lo esencial.

Llenar corazones significa priorizar lo intangible: la mirada llena de comprensión, la palabra que alienta, el silencio que escucha... No se trata de huir del trabajo administrativo, se trata simple y llanamente de darle la relevancia que se merece en su justa medida; de priorizar más la pedagogía del corazón que la pedagogía del archivo.

La educación pierde su esencia cuando los verbos «documentar» y «registrar» superan a los verbos «acompañar» y «enseñar». La persona siempre estará por delante de cualquier examen, contenido o programación.

Vivimos, como ya comenté, en una época de pirotecnia tecnológica, pedagógica y metodológica, que mucho deslumbra, pero que poco alumbra. Cada innovación, cada nueva ley educativa que tienen a bien regalarnos en cada legislatura parece exigirnos más registros, más evidencias, más justificaciones, más papeleo vacuo. Sin embargo, olvidamos que el aprendizaje no siempre cabe en un gráfico ni se mide en porcentajes y calificaciones. Hay aprendizajes que solo se sienten y que ningún informe podrá capturar.

Hablando de innovación, yo lo tengo claro: innovar es respetar la diversidad de ritmos de aprendizajes de cada uno de nuestros alumnos; innovar es conseguir o, al menos, intentar que ninguno se quede atrás. ¡Ojo! En educación, la innovación no está en la metodología o en la tecnología (que a veces disfraza de innovación cosas que no lo son), está en nuestra manera de mirar a nuestros alumnos día a día. Innovar no debería ser nunca adornar, saturar o maquillar para que todo siga igual. Y creo que, en estos momentos, muchas de las cosas a las que estamos llamando innovación van en esta línea.

Una buena clase no necesita de mil cacharros y artilugios, necesita, eso sí, de un docente presente y consciente, capaz de mirar más allá de los estándares y los exámenes. Enseñar no es un acto distante y mecánico; es un acto profundamente cercano y humano. Por este motivo, toda innovación, todo cambio, toda mejora empieza por ahí, por un docente que está y por un docente conocedor de sus propios actos y de sus consecuencias.

Si nos detenemos un momento, quizás nos demos cuenta de una gran realidad: nuestros alumnos no recordarán los informes que rellenamos, recordarán la forma en que los hicimos sentir y las formas en las que les permitimos aprender. Recordarán al maestro que creyó en ellos, que supo verlos cuando ni ellos mismos lograban hacerlo; recordarán a ese maestro que les ayudó a ser el mejor niño que ese niño podía ser.

Por eso, abogo por un cambio en nuestra forma de enseñar y de evaluar, una pedagogía que priorice el aprendizaje real sobre el cumplimiento formal. Una pedagogía que valore más el esfuerzo y la evolución que la memorización instantánea para vomitarla en un examen. Una pedagogía que nos permita dedicar más tiempo a llenar vidas de sentido que a llenar carpetas con archivos.

Cambiemos nuestra perspectiva;
que la evaluación sea un puente, no una barrera;
que el currículo sea un mapa, no una prisión;
que nuestra labor sea siempre sinónimo de esperanza
para nuestros alumnos y para la sociedad.

Miremos más allá de los papeles. Demos prioridad a las personas y, como he dicho al principio, llenemos menos informes y más corazones.

11

Sueño con una escuela que grita «IIIATA» (Imposible Innovar Ignorando A Tus Alumnos)

El eco de la palabra *IIIATA* (Imposible Innovar Ignorando A Tus Alumnos) debería resonar en cada pasillo, en cada aula, en cada rincón de nuestras escuelas. Es un grito que no reclama tecnología ni metodologías de vanguardia ni planes educativos ambiciosos. Es un grito que clama por algo mucho más esencial: la mirada, la escucha y el conocimiento profundo de quienes, día tras día, nos regalan su aprendizaje y su confianza.

Enseñar es, en esencia, un acto de amor y de respeto. ¿Cómo podemos amar lo que no conocemos? ¿Cómo podemos respetar a quienes no miramos? *IIIATA* nos recuerda que no se puede innovar desde la ignorancia, que no se puede educar desde el desconocimiento, que antes de cualquier avance metodológico debe haber un avance humano.

Hay quien dice que la educación es como sembrar, pero… ¿qué sentido tiene plantar semillas sin haber preparado la tierra? ¿Qué sentido tiene esparcir conocimiento sin haber cultivado primero la confianza? Conocer a nuestros alumnos no es un trámite, es el cimiento de todo lo que construimos en el aula.

Conocer no es solo saber sus nombres y apellidos. Es comprender sus sueños, sus miedos, sus fortalezas y sus fragilidades. Es descubrir aquello que los hace únicos, aquello que los motiva y aquello que, a veces, los detiene. Enseñar a ciegas es como intentar pintar un cuadro sin colores. El grito *IIIATA* nos invita a encender la luz para ver con claridad quiénes son realmente esos pequeños grandes seres humanos que tenemos delante. Este grito nos obliga a:

Ver y tratar la fragilidad de nuestros alumnos
como si fueran propias.

Mirar es mucho más que ver. Es detenerse, es observar con intención, es descubrir aquello que no se muestra a simple vista. Escuchar es mucho más que oír. Es atender, es hacer espacio para lo que otros tienen que decir, es regalar tiempo y atención sincera.

Cuando miramos y escuchamos de verdad, algo mágico sucede: conectamos. Y esa conexión es el verdadero motor del aprendizaje. Innovar no significa usar la última herramienta tecnológica, sino encontrar la forma de llegar al corazón y a la mente de cada alumno. La tecnología puede facilitar, pero jamás reemplazar ese vínculo tan necesario para potenciar cualquier aprendizaje y sacar a la luz los talentos de nuestros alumnos.

Como ya vimos en el capítulo anterior, vivimos rodeados de informes, estadísticas y rúbricas que intentan definirnos el éxito educativo. Hemos de ser conscientes de que ningún número podrá jamás describir la alegría de un niño que se siente comprendido, ni el brillo en los ojos de alguien que acaba de descubrir algo nuevo sobre sí mismo.

IIIATA es un recordatorio de que detrás de cada hoja de evaluación hay un rostro. Y es ese rostro el que debe guiarnos. Antes de preocuparnos por el currículum, preocupémonos por sus intereses. Antes de evaluar sus respuestas, evaluemos si les hemos hecho las preguntas correctas.

Imposible Innovar Ignorando A Tus Alumnos. Esta es la base de una educación que transforma, de una escuela que realmente importa. Innovar no es llenar nuestras aulas de dispositivos ni nuestras mentes de teorías. Es llenar nuestras prácticas de humanidad, nuestras palabras de empatía y nuestras decisiones de propósito.

Escuchemos este grito en todas partes, desde los despachos hasta las aulas. Que *IIIATA* sea un lema, una filosofía, un recordatorio constante de que antes de dar clase, debes conocer a quienes hay en tu clase.

> Antes de enseñar
> lo que sea a quien sea,
> al menos, has de conocerlo;
> al menos, has de escucharlo;
> al menos, has de mirarlo.

Recordad que los ojos esconden todas aquellas verdades que la boca no se atreve a decir.

Solo mirando, escuchando y conociendo podemos innovar. Solo desde la conexión podemos enseñar. Solo desde la comprensión podemos transformar.

¿Qué tal si empezamos hoy? ¿Qué tal si al entrar en el aula dejamos que *IIIATA* sea nuestro primer pensamiento y paso hacia una educación más auténtica y humana?

Innovar sin mirar a nuestros alumnos no solo es imposible, es imperdonable.

12

Sueño con una escuela con menos ABF, CAS-CA, PIE y FSA

Es necesario repensar cómo enseñamos y cómo evaluamos. En la escuela, a menudo, parecemos atrapados en un acrónimo tras otro. He tenido a bien inventarme algunos: ABF (Aprendizaje Basado en Fichas), CAS-CA (Culo Atornillado a la Silla – Cabeza Agachada), PIE (Prueba Individual Escrita) o FSA (Ficha Sin Ayuda). Estas prácticas, aunque útiles en ciertos momentos, no deberían ser las únicas protagonistas de las mejores horas del día y de los años más luminosos de la infancia. No podemos permitir que la diversidad de nuestros alumnos quede encasillada en métodos que, muchas veces, no respetan su esencia ni potencian sus capacidades. No nos podemos permitir tratarles como niños y, en cambio, exigirles como si fueran ya adultos.

La enseñanza y la evaluación deberían ser como una danza. Todos podemos bailar, pero no todos lo haremos con la misma música ni al mismo ritmo. Algunos alumnos necesitan pasos suaves y melodías tranquilas, mientras que otros se lanzan con energía a ritmos más intensos. Sin embargo, en demasiadas ocasiones, les imponemos un único compás, ignorando la riqueza de sus diferencias y negándoles la oportunidad de encontrar su propio movimiento. Incluso, a veces, obligamos a bailar a quien no está preparado para hacerlo.

Condenarlos a la inmovilidad y el silencio es como encerrar su creatividad en una caja y tirar la llave. No olvidemos que en cada niño hay un potencial único que no puede ser capturado por una ficha, ni medido por una prueba escrita estándar.

Es cierto que herramientas como las fichas o las pruebas individuales tienen su lugar en el aula, pero si estas se convierten en la única manera de aprender o de evaluar, estamos dejando de lado un mundo de posibilidades. La memoria es esencial, pero no suficiente. La práctica repetitiva y la evocación tienen un gran valor, un valor insustituible, pero nunca deberían ser la única vía hacia el conocimiento, deberían complementarse con otras estrategias para enriquecer el aprendizaje teniendo en cuenta que aprender también es crear, imaginar, dialogar, construir con las manos y con el corazón. Y que evaluar no es solo calificar, sino observar, acompañar y celebrar los logros de cada alumno, sea cual sea su camino. Que un docente abuse del ABF, del CAS-CA, de la PIE o FSA no significa siempre que sus alumnos aprendan todo lo que podrían aprender de una manera significativa y perdurable.

> Hay docentes que dan una y mil lecciones
> sin darse cuenta de que sus alumnos
> no aprenden ninguna.

> Y hay docentes que dando una sola lección
> consiguen que sus alumnos
> aprendan la luna.

Nuestros alumnos son diversos en intereses, habilidades, ritmos y estilos de aprendizaje. Entonces, ¿por qué seguimos usando métodos únicos para enseñarles y evaluarles? Necesitamos abrir las puertas a nuevas formas de aprendizaje: proyectos colaborativos, debates, experimentos prácticos, narraciones orales, creaciones artísticas... Si nuestros alumnos son diversos, así deberían ser nuestras maneras de enseñarles y evaluarles, diversas. Y no es una cuestión de moda, tendencia o innovación, es una cuestión de justicia.

En cuanto a la evaluación, esta debería ser más justa, inclusiva y significativa. No todo se puede medir con un lápiz, un bolígrafo y un papel. Dejemos que los alumnos nos muestren lo que saben a través de diferentes lenguajes: el cuerpo, la palabra, el arte, la tecnología…

Nos perdemos lo bueno buscando el error.
Nos perdemos lo mejor.

Las mejores horas del día de un niño no deberían ser de silencio absoluto, inmovilidad perpetua y obediencia ciega. La escuela debería ser un lugar de exploración y movimiento, donde el conocimiento se descubra, no se imponga; donde los errores sean parte del aprendizaje y no motivo de temor; donde cada alumno encuentre su propio ritmo y descubra su propia melodía.

Hay vida más allá del ABF, CAS-CA, PIE o FSA. Ampliemos nuestra mirada. Dejemos que la escuela sea un bufé libre de aprendizajes variados y significativos, donde cada alumno pueda servirse lo que necesite para crecer; donde la propia escuela salga de la escuela para que sus alumnos aprendan más y mejor.

Transformemos nuestras aulas en espacios en los que enseñar y aprender no sea una rutina, sino una aventura.

Y recordemos siempre: la diversidad no es un obstáculo, es nuestra mayor riqueza.

Hagamos que cada niño baile su propia danza,
a su propio ritmo y con su propia música.

13

Sueño con una escuela que eduque con las otras TIC (Tiempo, Interés y Cariño)

En el bullicio de las aulas, entre programas educativos, metodologías y tecnologías, a menudo olvidamos que educar no es un acto de inmediatez, sino un arte cargado de paciencia. Como el buen guiso que necesita tiempo, la educación también requiere ser cocinada a fuego lento, con mimo y atención a los detalles. Aquí es donde entran en juego lo que me gusta llamar las otras TIC: *tiempo, interés* y *cariño*.

En un mundo donde todo parece medirse en velocidad, detenerse se ha convertido en un acto revolucionario y en un verdadero lujo. Cada niño y niña tiene un ritmo único, una melodía que debemos aprender a escuchar. Educar con tiempo no es ralentizar, es respetar; es dar espacio para que cada alumno encuentre su voz, para que comprenda, cuestione, descubra y cree.

Corremos el gran peligro de «primarizar» Educación Infantil y de «secundarizar» 5.º y 6.º de Primaria, cuando debería ser al revés, debemos:

«Infantilizar» 1.º de Primaria y «primarizar» 1.º de Educación Secundaria. Y hacerlo no es bajar el nivel; es equilibrar el desnivel. Es llevar lo mejor de una etapa a la siguiente para que el cambio no dañe, sino acompañe.

El tiempo es un regalo que no podemos negarles. Sin él, el aprendizaje se convierte en una carrera de obstáculos, en lugar de un camino de descubrimientos. Es en los momentos de pausa, en los silencios, donde germinan las ideas más profundas y significativas.

La educación no puede ser un acto mecánico ni un monólogo sin alma. Debe ser un encuentro entre intereses: el de enseñar y el de aprender. Para lograrlo, necesitamos comprender lo que apasiona a cada alumno, lo que despierta su curiosidad y lo que enciende su mirada.

El interés es el puente que conecta el mundo del docente con el del alumno. Es preguntarse: ¿qué los mueve? ¿Qué les hace reír, soñar, imaginar? Desde ahí, desde esa chispa, es donde el aprendizaje encuentra su verdadero sentido.

Si la educación es un arte, el amor es su pincel. No se puede enseñar sin amor, sin esa entrega desinteresada que busca siempre el bien del otro. El cariño en educación se expresa en mil formas: en la ayuda constante, en el apoyo incondicional, en el acompañamiento sereno, en el asombro compartido, en la alegría de los pequeños logros, en la aceptación de las diferencias, en el ánimo frente a los desafíos y en el aliento que impulsa a continuar. El cariño es un motor invisible que puede llevarnos muy lejos.

El amor no es un recurso adicional, es el fundamento de todo. Enseñar sin amor es como cocinar sin fuego: los ingredientes estarán ahí, pero nunca se transformarán en algo realmente nutritivo y especial.

Imaginemos la educación como un guiso que se cocina con calma. Cada alumno aporta sus propios ingredientes: su personalidad, sus talentos, sus inquietudes. Como docentes, somos los cocineros responsables de combinar esos ingredientes, ajustando el fuego según las necesidades de cada uno.

Guisar a fuego lento significa mirar más allá de los resultados inmediatos y apostar por procesos profundos. Significa dar tiempo al tiempo, dejar que los aprendizajes sedimenten, que las preguntas maduren y que las respuestas nazcan desde dentro.

Educar con tiempo, interés y cariño es una elección valiente en un mundo que premia la prisa. Es creer que cada alumno merece no solo nuestra enseñanza, sino también nuestra atención, respeto y ternura. Es entender que las mejores lecciones no se encuentran solo en los libros, también se hallan en las relaciones humanas que construimos cada día en nuestras aulas.

Nunca olvidemos que en educación, como en la vida, se saborea mejor a fuego lento. Y que, al final, lo que realmente transforma no son los métodos ni las tecnologías, sino el amor con el que hacemos todo lo demás.

Creo que en educación el amor es el principio pedagógico esencial y el amor no entiende de relojes.

El amor entiende de ayuda, de apoyo, de acompañamiento, de asombro, de alegría, de aceptación, de ánimo... Y resulta que todas estas palabras que empiezan por la letra A necesitan *tiempo*, un tiempo natural que no podemos arrebatar a nuestros alumnos.

Guisad a fuego lento. Lentamente es la mejor forma de llegar allí donde queremos y debemos estar.

Hay niños que están viviendo en la oscuridad
y que necesitan que alguien esté ahí, a su lado,
para decirles que la luz volverá,
que hoy no será siempre.

De ahí, la importancia de estas otras TIC: tiempo, interés y cariño.

De ahí, la importancia de abrigar sus recovecos.

De ahí, la importancia de mirarlos con cariño para que se quieran un poco más.

De ahí, la importancia de ser paciente con sus heridas y dificultades para que puedan volver a confiar en ellos mismos.

De ahí, la importancia de no olvidar jamás que todo cerebro aprende mejor cuando el corazón está sereno y tranquilo.

De ahí, la importancia de no dejarles olvidar nunca lo mucho que valen.

14

Sueño con una escuela que se vacuna contra el virus BERE (Burocracia Excesiva y Ratio Elevada)

Las escuelas y los docentes nos enfrentamos, día tras día, a un enemigo común que amenaza con apagar nuestra llama educativa: el virus BERE, esa infección causada por la Burocracia Excesiva y la Ratio Elevada. Este virus, aunque invisible, se manifiesta en formularios interminables, aulas abarrotadas y jornadas que parecen no alcanzar nunca para atender a cada alumno como se merece.

Sin embargo, hay algo que debemos tener claro: aunque el virus esté presente, no puede ser una excusa para dejar de educar con pasión. Echar la culpa exclusivamente a las leyes educativas es como esperar que una sola vacuna cure todos los males; puede ayudar, pero no lo resuelve todo. Echar la culpa a las leyes educativas tiene fecha de caducidad.

Por eso, quiero compartir un mensaje de aliento y, sobre todo, de acción, ya que, aunque el panorama sea complicado, podemos y debemos combatir el virus BERE con los recursos que tenemos.

La queja es un refugio fácil, pero también es un callejón sin salida. Quejarnos constantemente de las condiciones educativas nos agota y nos paraliza. Es cierto que la burocracia nos invade y que los grupos numerosos dificultan la personalización del aprendizaje, pero quedarnos atrapados en la cofradía de la queja no mejora nuestras aulas ni el crecimiento personal y académico de nuestros alumnos.

Dejemos de ser prisioneros de la queja y convirtámonos en agentes del cambio. Aceptemos las adversidades, pero no nos resignemos a ellas. El verdadero cambio empieza cuando decidimos hacer todo lo que está en nuestras manos con lo que tenemos.

A continuación, comparto con vosotros algunas pautas que estoy intentando llevar a cabo para combatir el virus BERE

1. Simplifica tu enfoque

El virus BERE nos quiere desbordados, pero podemos contrarrestarlo centrándonos en lo esencial. En lugar de obsesionarnos con cumplir cada pequeña formalidad, prioricemos lo que realmente importa: el aprendizaje y el bienestar de nuestros alumnos. La burocracia es como una maleza; si no podemos arrancarla, aprendamos a podarla.

2. Comparte la carga

El trabajo en equipo es una vacuna poderosa. Colaborar con otros docentes nos permite repartir tareas, apoyarnos mutuamente y encontrar soluciones conjuntas. No estamos solos en esta lucha; nuestras fuerzas combinadas son mucho más efectivas que el esfuerzo individual.

3. Aprende a decir no

No podemos hacerlo todo. Hay que aprender a poner límites, a diferenciar entre lo urgente y lo importante. Decir «no» a una tarea innecesaria no es deslealtad, no es falta de compromiso, no es vaguería, es supervivencia profesional. Y lo digo yo que «consejos vendo y para mí no tengo». Eso sí, voy dando pasos al respecto.

4. Crea momentos de calidad

Aunque la ratio sea alta, siempre podemos encontrar maneras de conectar con nuestros alumnos. A veces, una conversación de cinco minutos o un gesto de empatía deja una huella mucho más profunda que cualquier planificación exhaustiva.

5. Cultiva tu bienestar

No podemos cuidar si no nos cuidamos. Reservemos tiempo para nosotros, para recargar energías, para recordar por qué empezamos esta vocación. El cansancio es el mejor aliado del virus BERE; combatirlo empieza por nuestro bienestar.

Queda contigo
en cualquier momento,
en cualquier lugar.

No puedes cuidar, si no te cuidas.
No puedes querer, si no te quieres.
No puedes educar, si no te cultivas.

¡Te necesitas!

A pesar de la burocracia y los grupos numerosos, seguimos siendo docentes que marcan vidas, que encienden curiosidades y que inspiran sueños. No olvidemos nunca que nuestra labor va más allá de los papeles y de las cifras. Somos el antídoto vivo contra el desánimo y la rutina.

El virus BERE es real, pero no tiene por qué dominarnos. Vacunarnos significa enfrentar las dificultades con valentía, creatividad y determinación. En nuestras manos no está cambiar las leyes educativas de un plumazo, pero sí transformar cada aula en un espacio de aprendizaje y humanidad.

La vacuna está en nosotros mismos: simplifiquemos, compartamos, prioricemos y recordemos siempre que enseñar no es solo un trabajo, es un acto de esperanza.

15

Sueño con una escuela consciente de las 8 tes: TTTT-TTTT

En la gran escuela de la vida hay una verdad que brilla como un faro entre las sombras:

A nadie se le da todo bien, pero a todos se nos da bien algo.

Esta idea, tan simple como poderosa, debería guiarnos en cada aula, en cada clase, en cada encuentro educativo. *Todos tenemos talentos tremendos y todos tenemos taras también* y, con ambas cosas, se puede aprender, crecer y brillar.

Si todos tenemos algo que nos hace únicos, ¿por qué a veces nos cuesta tanto verlo en los demás? Quizá porque educar no es solo enseñar, sino aprender a mirar. Mirar más allá de los errores, más allá de las dificultades, más allá de las etiquetas. Mirar con los ojos del descubridor que más que descubrir oro, busca descubrir la centella de talento que habita en cada uno de nuestros alumnos y en nosotros mismos.

Para mí, ser docente es ser un explorador de fortalezas, alguien capaz de encontrar ese «algo» que hace a cada persona especial y valiosa. Descubrir los talentos de los demás no solo los empodera a ellos, también enriquece nuestra mirada sobre el mundo.

La pregunta que debemos hacernos es «¿Qué es lo que el niño tiene que "sí"?», porque lo que «no», ¡ya lo sabemos! Aprovechemos lo que «sí» para compensar lo que «no».

Si observamos a los demás y solo somos capaces de encontrar sus defectos, quizás el defecto lo tengamos nosotros.

Las taras existen y no podemos ignorarlas. Centrarnos únicamente en ellas es como intentar que una planta florezca mientras solo miramos sus raíces secas. En cambio, cuando regamos sus hojas, cuando la nutrimos y la cuidamos, sus flores terminan por eclipsar cualquier imperfección. A eso me refiero, a la necesidad de potenciar las habilidades de nuestros alumnos hasta eclipsar sus debilidades.

En educación, deberíamos hacer esto mismo. No se trata de negar las dificultades, sino de mirar más allá de ellas. De entender que un alumno que tiene problemas en matemáticas puede ser un narrador extraordinario, que quien no sobresale en Educación Física puede ser un gran observador o creador.

Educar no es uniformar, es personalizar. Es encontrar las fortalezas de cada uno y potenciarlas hasta que brillen tanto que las debilidades se hagan más pequeñas, más manejables, más humanas.

Es fácil caer en la tentación de corregir lo negativo, de intentar mejorar lo que falta. Deberíamos preguntarnos siempre cuánto tiempo dedicamos a admirar lo positivo, a disfrutar de lo que ya está bien. En cada alumno, en cada compañero de trabajo y en nosotros mismos hay cualidades que merecen ser vistas, valoradas y celebradas.

Admirar lo positivo no solo motiva, también transforma. Cambia la forma en que nos relacionamos con los demás y con nosotros. Nos enseña que, aunque tengamos taras, esas no nos definen; nuestros talentos, sí.

La lección de las 8 tes es clara: *todos tenemos talentos tremendos y todos tenemos taras también.* Y a pesar de estas últimas, o quizás gracias a ellas, podemos aprender y enseñar de una manera más real, más humana, más completa.

La educación no debería ser solo un catálogo de carencias; debería ser un libro abierto de posibilidades. Nuestra labor como docentes es descubrir, admirar y potenciar las fortalezas de quienes tenemos delante, al mismo tiempo que les enseñamos a aceptar sus imperfecciones con amor y humildad.

Educar es creer en el talento de cada uno. Es recordar siempre que nadie es perfecto, pero que todos somos valiosos. Y que en la diversidad de talentos está la riqueza más grande de nuestra humanidad.

A nadie se le da todo bien, pero a todos se nos da bien algo.
Eduquemos desde ese «algo» y hagámoslo brillar.

16

Sueño con una escuela donde las sesiones de evaluación no se convierten en sesiones de devaluación

En la escuela, las sesiones de evaluación deberían ser momentos clave para reflexionar, crecer y mejorar. Sin embargo, a veces, estas reuniones se convierten en un espacio donde los alumnos, en lugar de ser el centro del aprendizaje, quedan reducidos a etiquetas y comentarios que más que construir y edificar, destruyen.

Es ahí cuando debemos detenernos y preguntarnos con valentía:

¿Permitiría que hablaran así de mi hijo, primo o sobrino?

Si la respuesta es no, entonces tienes dos opciones claras: levántate y alza la voz para cambiar el rumbo de la conversación o levántate y vete porque participar en algo injusto es avalarlo. Evaluar no es un acto de juicio, es un acto de aprendizaje. No estamos ahí para condenar, sentenciar, menospreciar o etiquetar, estamos ahí para comprender. No estamos para señalar errores sin más, sino para buscar juntos las soluciones. Una evaluación que solo se enfoca en lo negativo es como un espejo roto: muestra fragmentos, pero no el reflejo completo. La evaluación no es devaluación.

La evaluación debe ser el espejo que refleja lo aprendido, pero también la brújula que guía hacia lo que aún se puede mejorar.

Cada alumno es más que sus fallos, y en cada uno de ellos hay potencial, esfuerzo y logros que merecen ser reconocidos. Cuando reducimos a alguien a sus carencias, no solo lo lastimamos, sino que también perdemos la oportunidad de hacerle crecer.

Os dejo a continuación seis sencillos consejos que considero importantes para conseguir realizar una buena sesión de evaluación:

1. Respeto como pilar fundamental

Antes de hablar, recordemos que detrás de cada nombre hay una historia, una familia y un ser humano con sueños y miedos. Las palabras tienen peso y las que elijamos pueden herir o sanar. Evaluemos con la misma sensibilidad con la que querríamos que evalúen a quienes amamos; con el mismo tacto y respeto con el que querríamos que nos evalúen a nosotros mismos.

2. Destacar lo positivo

Una buena evaluación no solo señala lo que hay que mejorar, también celebra lo que se hace bien. Reconocer el esfuerzo y los logros no es opcional, es necesario. Solo desde el aprecio podemos generar el deseo de seguir creciendo.

3. Hablar desde los datos, no desde los juicios

Evitemos frases como «es un desastre» o «nunca hace nada». Sustituyámoslas por observaciones concretas: «tiene dificultades para organizarse» o «necesita apoyo en su motivación». El lenguaje importa y un lenguaje constructivo abre puertas en lugar de cerrarlas.

4. Proponer soluciones, no solo señalar problemas

Evaluar no es una lista de carencias, es un plan de acción. Cada dificultad debería ir acompañada de estrategias claras para superarla, tanto por parte del alumno como del docente.

5. Hacer visible la progresión

Muchos alumnos no han llegado aún a donde queremos, pero han avanzado. Resaltemos esos pequeños pasos, porque en ellos se construyen los grandes logros.

6. Fomentar el trabajo en equipo

Una sesión de evaluación no es un monólogo. Es un diálogo entre profesionales que buscan el bienestar del alumno. Escuchemos, aportemos y construyamos juntos.

Cada palabra que pronunciamos en una sesión de evaluación tiene el poder de construir o de destruir. Tiene el poder de dar esperanza o de apagarla. Por eso, antes de hablar, pensemos: ¿lo que estoy a punto de decir refleja respeto y profesionalidad? ¿Estoy mirando al alumno en su totalidad o solo a sus carencias?

Si alguna vez presenciamos una evaluación que cruza los límites del respeto, no seamos cómplices. Levantémonos y defendamos lo justo. Como docentes, somos responsables no solo de lo que hacemos, sino también de lo que permitimos.

Evaluar debería ser un acto de construcción, de reconocimiento, de impulso. Evaluar debería ser siempre puente que une y nunca muro que separa. Los alumnos no necesitan más etiquetas, necesitan más oportunidades.

Hablemos siempre como querríamos que hablen de nuestros hijos, sobrinos o primos. Al final, una palabra puede cambiar un día, una mirada puede cambiar un destino y una justa evaluación puede cambiar una vida.

Y preguntémonos:

¿Sería justo culpar a una planta que necesita sombra por no prosperar bajo el sol? ¿Sería justo para Begonía, Azalea, Petunia, Hortensia y Gardenia?

Un niño no puede ser lo que es si siempre le estamos recordando lo que no es.

17

Sueño con una escuela con más libros y ventanas que ordenadores y pantallas

Vivimos en un tiempo en el que lo digital nos envuelve por completo, en el que las pantallas parecen haber conquistado cada rincón de nuestras vidas, incluidas nuestras aulas. Sin embargo, en este mundo de píxeles y conexiones virtuales, me pregunto: ¿estamos olvidando lo esencial?

La tecnología, sin duda, es un recurso valioso, pero es solo eso: un recurso más, no el centro de todo.

En la escuela, su propósito debería estar siempre claro:

La tecnología ha de servir para aprender, no para distraer.

La tecnología está al servicio de la pedagogía, nunca al revés.

Una clase no es mejor por los ordenadores que tenga, es mejor por las experiencias didácticas reales y significativas que podamos generar en nuestros alumnos. Una lección no es mejor por la tecnología que utilicemos, sino por el aprendizaje que en nuestros alumnos generemos.

Nuestros alumnos, nacidos en una era de constantes notificaciones y pantallas omnipresentes, se enfrentan un déficit preocupante:

un déficit de realidad y de naturaleza. Necesitan más verde y menos brillo artificial, más ojos puestos en el cielo y menos en las tabletas.

El mundo no se puede descubrir desde una pantalla. El mundo se estrena, se vive, se ve, se toca, se huele y se escucha. Una montaña no se escala con un *clic*, ni una puesta de sol se siente con un filtro de Instagram. Esas vivencias reales son las que debemos diseñar junto a ellos: salidas al parque, excursiones al monte, visitas a una granja. Experiencias que los reconecten con el lado sencillo y natural de la vida, con esa belleza que a menudo se pierde entre tanta digitalización.

Me gusta recordar las palabras del poeta Tonino Guerra: «¿Cuándo es la última vez que te has parado ante una puesta de sol?». Es una pregunta simple, pero poderosa. En nuestras vidas aceleradas, hemos dejado de detenernos, de admirar los detalles, de conectar con lo que realmente importa.

La escuela debería ser un refugio para estas experiencias humanas y analógicas. Espacios donde los libros se abran con el mismo entusiasmo que una ventana, donde se experimente con las manos, donde se cuide el proceso más que el resultado. Enseñemos a nuestros alumnos a detenerse, a disfrutar de lo pequeño, a encontrar la maravilla en lo cotidiano.

La digitalización crece sin freno, pero es nuestra labor asegurarnos de que no lo haga a costa de nuestra humanidad. Más que nunca, necesitamos una educación que priorice la calidad humana, que enseñe a nuestros alumnos no solo a usar la tecnología, sino a encontrarle sentido, a no dejarse dominar por ella, a saber cuándo apagarla.

Ningún ordenador puede reemplazar la calidez de un buen maestro, la magia de un libro que abre mundos o la conexión genuina entre compañeros que se miran a los ojos.

En un mundo en digitalización constante urge una humanización mayor, calidad humana que guíe y dé sentido a la calidad tecnológica.

Hagamos de nuestras aulas un lugar con más libros y ventanas que ordenadores y pantallas. Un lugar donde los alumnos aprendan mirando al mundo y no de espaldas a él. Donde descubran que la verdadera conexión no es la wifi, sino la que sentimos cuando exploramos, nos maravillamos y compartimos juntos.

Enseñemos a nuestros alumnos a desconectar para poder conectar con lo esencial, con lo humano, con lo natural, ya que en un mundo cada vez más digital, lo analógico, lo sencillo y lo real es más valioso que nunca.

Las máquinas carecen de regazo y de la ternura que todo niño necesita cuando aprende. Por este motivo, los docentes nunca podrán ser sustituidos por una máquina. Si los maestros no tenemos claros cuáles son los verdaderos fundamentos del acto educativo, es muy probable que la tecnología nos haga olvidar que es más importante entender alguna cosa que poder acceder a todas ellas. Vivimos en una época que nos llena los ojos, pero no el estómago y la cabeza. Nosotros, como educadores, debemos abrir el pensamiento de nuestros alumnos y hacerles comprender lo que ven. Al final, lo fundamental es que el niño interiorice uno de los aprendizajes más importantes: que estás a su lado. Y sin regazo, sin ternura, este aprendizaje no sería posible.

En estos tiempos que transitamos, hemos de ser conscientes de que no es lo mismo enseñar a usar pantallas en el momento y a la edad oportuna que usar pantallas en cualquier momento y a cualquier edad.

Para terminar, me gustaría compartir una frase que leí de Pere Marqués: «La magia de la pizarra digital... la pones tú». Pues lo dicho, las TIC no hacen magia. La magia la ponéis vosotros, docentes.

La tecnología es un gran tren que siempre debe circular
por las vías de la pedagogía.

Sueño con una escuela…
Una escuela con
más libros y ventanas
que *tablets* y pantallas.

Libros para viajar sin moverse,
para preguntar sin miedo,
para encontrar respuestas
y hacerse nuevas preguntas.

Ventanas para mirar el mundo,
para dejar que entre la luz,
para abrir la imaginación
y ventilar los pensamientos.

Y *tablets* y pantallas,
las justas y necesarias,
para crear, para comunicar,
para conectar sin desconectar de lo esencial,
para dejar de flotar y aprender a nadar
en el inmenso mar de internet.

18

Sueño con una escuela que prepara a sus alumnos para BLV (Buscarse La Vida)

Educar no es allanar el camino; educar es enseñar a caminar.

Vivimos en un mundo donde muchas veces el miedo al fracaso y el deseo de proteger nos llevan a hacer por nuestros alumnos lo que ellos deberían hacer por sí mismos. Este enfoque, lejos de ayudarlos, los priva de lo más valioso: la oportunidad de aprender a buscarse la vida (BLV), de tropezar, levantarse y encontrar su propio rumbo.

Como decía María Montessori: «No hagas por un niño nada que él pueda hacer por sí mismo». Y es que, al hacerles todo, los despojamos de su autonomía, debilitamos su confianza y limitamos su capacidad para enfrentarse a los desafíos que la vida inevitablemente les presentará.

> De las oportunidades y de las responsabilidades
> que les demos hoy, dependerá su confianza
> y su autonomía mañana.

Es un error convertirse en sus «limpia caminos»; es un error hacer por ellos aquello que ellos pueden hacer por sí mismos; es un error darles todo hecho; es un error boicotear sus demandas de autonomía; es un error ser «docentes o padres carpinteros» que quieren tallar un tipo de modelo de hijo o de alumno; es un error no dejarles cometer ningún error y desposeerlos de la oportunidad de aprender de este. Hagámosles ver que la vida no vendrá con un manual y hagámonos ver que nuestra tarea es dotarlos de herramientas, no de soluciones preenvasadas.

Debemos prepararlos para el camino,
no preparar el camino para ellos.

Nuestros alumnos no necesitan un camino perfecto. Necesitan aprender a caminar por senderos imperfectos, a tomar decisiones, a equivocarse y a corregirse. Es en ese proceso donde se construyen la autonomía, la resiliencia y la confianza en sí mismos.

Vuelvo a dejaros algunos consejos, en esta ocasión, para preparar a nuestros alumnos para BLV:

1. Déjales cometer errores

Los errores no son fracasos, son lecciones. Si protegemos a los alumnos de cada tropiezo, les robamos la posibilidad de aprender. Cuando un alumno comete un error, es nuestro deber acompañarlo a reflexionar, no castigarlo ni hacerle sentir incapaz.

2. Fomenta la toma de decisiones

Desde pequeños, podemos darles la oportunidad de elegir. ¿Qué prefieres leer? ¿Cómo organizarías tu tiempo? Decisiones pequeñas que, con el tiempo, se convertirán en grandes decisiones. Así desarrollan el pensamiento crítico y la capacidad de asumir responsabilidades.

3. Enseña herramientas, no resultados

En lugar de dar respuestas, enseñemos a buscarlas. ¿Cómo investigar en una biblioteca o en internet? ¿Cómo analizar un problema y plantear soluciones? Estas son las habilidades que les permitirán buscarse la vida más allá del aula.

4. *Valora el esfuerzo, no solo el resultado*

Un alumno autónomo no nace de la perfección, sino de la perseverancia. Valoremos el proceso, el intento, la constancia, es ahí donde realmente crecen.

5. *No subestimes su capacidad*

A veces, hacemos cosas por ellos porque creemos que no pueden hacerlas solos. Pero… ¿y si nos sorprendieran? Démosles la oportunidad de intentarlo, incluso si eso significa que lo hagan de manera imperfecta.

6. *Sé un guía, no un carpintero*

Los «docentes carpinteros» intentan tallar a sus alumnos según un modelo predefinido. En cambio, los buenos guías los acompañan a descubrir quiénes son y a desarrollar sus propios talentos y habilidades.

7. *Refuerza su autoestima*

La confianza es la base de la autonomía. Elogia sus logros, por pequeños que sean. Ayúdales a ver sus fortalezas y a usarlas como herramientas para superar sus debilidades.

Preparar a nuestros alumnos para BLV no significa dejarlos solos ni abandonar nuestro rol como docentes. Significa acompañarlos sin invadir su campo competencial, sin colonizar su ámbito de libertad, guiarlos sin dirigir, apoyarlos sin controlar. Significa enseñarles a encontrar su propio equilibrio entre independencia y colaboración.

Al final, no estaremos siempre ahí para despejarles el camino, pero sí podemos estar ahora para darles los recursos y la confianza que necesitan para enfrentarse con valentía a los desafíos a los que se enfrentan hoy y a los que se enfrentarán mañana.

Nuestro reto no es preparar el camino para ellos,
sino prepararlos a ellos para el camino.

La verdadera educación no les da respuestas,
les enseña a buscarlas.

19

Sueño con una escuela con más quereres que deberes

Siempre les digo a mis alumnos que lo que llevan a casa no son deberes, son *quereres*. No se trata de cumplir con una lista de tareas impuestas, sino de asumir la responsabilidad de querer aprender, de querer crecer, de querer ser mejores. Este cambio de perspectiva, de un deber impuesto a un querer propio, es un paso esencial para transformar la forma en que miramos el aprendizaje.

El aprendizaje es para ellos, no para nosotros. Con demasiada frecuencia, los alumnos sienten que estudian y trabajan para sus profesores, para sus padres o para cumplir con las exigencias de un sistema, pero nada podría estar más lejos de la verdad y de la realidad. Ellos no estudian para nosotros, lo hacen para ellos mismos.

El verdadero aprendizaje ocurre cuando entienden que lo que hacen hoy no es para complacer a otros; cuando entienden que es para construir su propio futuro; cuando entienden que cada página que leen, cada problema que resuelven, cada esfuerzo que hacen es una inversión en ellos mismos.

El paso del deber al querer no es un salto fácil. Requiere que ayudemos a nuestros alumnos a comprender que el conocimiento no es una carga, que es una oportunidad. Que los *quereres* no son una imposición, sino una elección. Y que esa elección les pertenece por completo.

Cuando un alumno entiende que querer aprender es un regalo que se da a sí mismo, se produce una transformación. La tarea deja de ser un peso y se convierte en un propósito. La obligación se transforma en motivación.

Para que los alumnos den este paso, necesitan que les demos algo más que tareas. Necesitan que les demos herramientas y confianza. Aquí os sugiero algunas ideas para ayudarles a hacer ese cambio, para ayudarles a ser responsables y autónomos:

1. Explícales el porqué

No basta con pedirles que hagan algo; necesitan entender para qué. Explícales cómo lo que están aprendiendo les será útil, cómo les ayudará a avanzar y a ser más libres para tomar decisiones en el futuro.

2. Refuerza su protagonismo

Hazles sentir que ellos son los protagonistas de su aprendizaje. Dales opciones, permíteles tomar decisiones sobre cómo y cuándo trabajar, para que vean que están al mando de su propio camino.

3. Valora el esfuerzo, no solo el resultado

El «querer» no siempre dará frutos inmediatos. Habrá fallos, pero lo importante es valorar la intención, el empeño y la constancia. Elogia su camino, no solo el destino.

4. Conecta con sus intereses

Es más fácil querer hacer algo cuando ese algo tiene sentido para ti. Ayúdales a ver cómo lo que están aprendiendo se conecta con sus pasiones, sus talentos y sus metas personales.

5. Hazles responsables de su propio crecimiento

La responsabilidad no se impone, se cultiva poco a poco y se riega todos los días. Hazles conscientes de que cada minuto que dedican a aprender es un paso hacia sus sueños y que cada elección cuenta.

Siempre les digo a mis alumnos: «Cuando estudias, no estás haciendo un favor a nadie. Te lo estás haciendo a ti mismo». Este mensaje, repetido con paciencia y cariño, poco a poco cala en ellos. Les ayuda a ver que el aprendizaje no es una obligación, es una oportunidad.

Como docentes, nuestra tarea no es solo enseñar contenidos, también es ayudar a nuestros alumnos a descubrir el valor de aprender por sí mismos. Transformar los *deberes* en *quereres* es una forma de empoderarlos, de darles el control y de encender en ellos la chispa del aprendizaje consciente.

Cuando dejan de aprender por obligación y empiezan
a aprender por elección, no solo hacen tareas,
están mejorando su hoy y construyendo su mañana.

20

Sueño con una escuela que en su menú ofrezca algo más que lentejas

Me gusta imaginarme nuestro sistema educativo y cualquier otro sistema educativo como un bufé libre donde cocinamos para nuestro alumnado lo que necesita en cada momento, cuidando, por supuesto, que su dieta sea sana, equilibrada y variada.

¿Creéis que realmente nuestro sistema educativo es un bufé libre?

Yo creo que no. No porque los docentes lo hagamos mal, sino porque se suman muchos factores que impiden que así sea, entre ellos:

- La inadecuada ratio.
- La inapropiada inversión.
- La inaudita falta de docentes.
- Las insuficientes infraestructuras.
- El invisible e insignificante apoyo de la administración.
- La burocracia innecesaria.
- Etc.

Sin los mimbres adecuados es difícil fabricar el cesto que nos proponen ley tras ley educativa, el cesto de la personalización y de la individualización de la enseñanza y del aprendizaje. Si algo está claro, es que el papel todo lo soporta, y más, por lo visto, el papel en el que se escriben las leyes educativas.

Debido a todo ello y a otros factores, este bufé libre se me antoja complicado y entonces nuestro sistema educativo pasa a convertirse en un plato de lentejas y ya sabéis lo que se dice:

«Lentejas, comida de viejas, si quieres las comes y si no, las dejas».
A lo que añado, si quieres las comes y si no, suspendes.

¿Son buenas las lentejas? ¡Claro que sí! Son fantásticas, pero... ¿quién come lentejas cinco veces por semana? Nadie. No digo ni nunca diré que el libro de texto o el examen escrito no sean necesarios, son un gran recurso a nuestro alcance que, a veces, muchas veces, aparte de útiles, son más que necesarios, pero... ¿siempre la misma manera de enseñar? ¿Siempre la misma forma de evaluar? Debemos ampliar nuestra concepción de método de enseñanza y de prueba de evaluación sabiendo que hay vida más allá de lo que el capítulo doce he venido a llamar ABF (Aprendizaje Basado en Fichas) y CAS (Culo Atornillado a la Silla). También podemos enseñar de otras maneras y obtener evidencias de aprendizaje de otras formas. Lo criticable no es el libro, las fichas y el examen escrito, lo criticable es el uso que se hace, en algunos casos, de ellos.

Es posible reducir el número de actividades y de ejercicios repetitivos de los libros de texto y aumentar el número de experiencias y vivencias. Es posible tener en cuenta el papel fundamental del cuerpo y del movimiento en el aprendizaje. Es posible hacer todo esto sin irse a los extremos, sin polarizar y sin contraponer cosas que no se pueden contraponer.

Si el sistema educativo fuese un bufé libre, debería estar lleno de posibilidades, de sabores diferentes que sacien la curiosidad de cada alumno. En muchos casos, lo que hoy servimos en muchas aulas no es un menú variado, sino un plato único y repetitivo, una rutina que alimenta, pero no nutre. Creo que la educación, como la buena cocina, necesita algo más que recetas estándar: necesita amor, creatividad y un profundo conocimiento de quienes van a probar sus platos. A veces, nos olvidamos de que la función esencial de la educación es educar su paladar para que puedan saborear todo lo que les rodea.

Volvamos a las lentejas. Sí, son sanas, nutritivas y necesarias, pero ningún sistema educativo debería convertirlas en el único plato del menú. Al igual que un buen chef se adapta a los comensales, los docentes debemos adaptar nuestras metodologías a nuestros alumnos, diversificar los ingredientes y, sobre todo, dejar que ellos también elijan y experimenten.

No podemos pretender que todos encajen en un molde único. No podemos seguir diseñando un sistema educativo que parezca más preocupado por aprobar a toda costa que por aprender de verdad.

Las lentejas están bien, pero también necesitamos recetas nuevas: proyectos colaborativos, aprendizaje basado en problemas, experimentación práctica, debates, talleres creativos... Cada método, al igual que cada ingrediente, tiene su momento y su función, pero ninguno debería monopolizar el menú.

A veces, en nuestro afán por enseñar más y mejor, caemos en la trampa de saturar el plato. Añadimos fichas, proyectos, rúbricas, tecnologías... hasta que los alumnos, en lugar de disfrutar del aprendizaje, se sienten atiborrados y confusos. Como dice el refrán, «ni tanto que queme al santo ni tan poco que no lo alumbre». La educación no debería ser un exceso de contenido, debe ser una experiencia equilibrada y significativa.

La sobrecocción educativa, con sus horarios y tareas interminables, mata la esencia del aprendizaje. Por eso, necesitamos recordar que *menos es más*. Que los momentos de calma, de reflexión y de disfrute también forman parte del proceso.

En este bufé educativo, la evaluación no debería ser una balanza que solo pesa los logros y los errores. Debería ser el condimento que enriquece el aprendizaje, que lo hace más profundo y significativo. Una evaluación bien planteada no etiqueta ni condena, más bien, impulsa y transforma. Una evaluación adecuada impulsa el aprendizaje, no lo frena.

Los exámenes, al igual que las lentejas, tienen su lugar. Pero también hay vida más allá de ellos. Podemos evaluar observando, dialogando, investigando, creando, exponiendo, construyendo… Lo que buscamos no es comprobar simplemente cuánto recuerdan, sino cuánto han entendido, cómo lo aplican y qué significado tiene para ellos. Hagamos un bufé libre donde tengan cabida esas lentejas siempre que sea necesario. Además, las lentejas son un plato que se puede cocinar y enriquecer con chorizo, zanahorias, patatas, etc.

Si algo le falta al bufé de nuestro sistema educativo es humanidad. Hemos llenado las aulas de tecnología, de estándares, de papeles, pero a veces olvidamos lo esencial: las personas. Nuestros alumnos no necesitan más platos fríos y prefabricados; necesitan recetas auténticas, cocinadas con las otras TIC de las que ya hablamos en el capítulo trece: tiempo, interés y cariño.

Para llegar a este bufé libre, debemos tener clara una idea:

No es a lo que a nosotros nos venga bien,
es lo que a nuestros alumnos les haga bien.
No es lo que nosotros queremos hacer,
es lo que nuestros alumnos necesitan que hagamos.
No somos nosotros, son ellos.

Es momento de pararse a repensar cómo cocinamos:

Más calidad, menos cantidad.
Más diversidad, menos rigidez.
Más humanidad, menos automatismos.

21

Sueño con una escuela más centrada en las evidencias que en las ocurrencias

La educación, como una brújula que guía el futuro, debería basarse en direcciones claras y no en impulsos improvisados. Sin embargo, demasiadas veces nos encontramos navegando entre ocurrencias: ideas brillantes que surgen de la inmediatez, propuestas llenas de ruido, pero vacías de fundamento, modas pasajeras que deslumbran por un tiempo, pero que no dejan huella ni mejoran nada.

Sueño con una escuela que en lugar de dejarse arrastrar por el oleaje del «parece una buena idea», ancle su rumbo en evidencias sólidas, en aquello que sabemos que funciona porque la experiencia, la investigación y la ciencia lo avala.

Es cierto que la creatividad tiene un lugar en la educación, pero cuando las ocurrencias toman el protagonismo, el aula se convierte en un laboratorio de ensayo y error que puede sacrificar el aprendizaje profundo en nombre de la novedad. No es una cuestión de apagar la chispa de la innovación, sino de encenderla con combustible real: datos, investigaciones contrastadas y prácticas que hayan demostrado su impacto positivo.

En demasiadas ocasiones, las modas educativas son como fuegos artificiales: estallan con fuerza, iluminan por un momento, pero al final se desvanecen dejando solo humo. Y mientras tanto, nuestros alumnos, que merecen aprendizajes significativos y perdurables, se convierten en espectadores de espectáculos que no siempre les benefician.

La tecnología sin propósito, las metodologías sin estructura, las ocurrencias sin análisis... Todo esto nos aleja de lo que importa: generar aprendizaje profundo, auténtico y duradero. No necesitamos más pirotecnia educativa, necesitamos luces que alumbren de verdad el camino.

Ahora mismo, hay demasiadas cosas en educación que desde lejos se ven muy bien y resultonas, pero que cuando te acercas se pixelan.

Una escuela basada en las evidencias no es fría ni distante, al contrario, es humana y reflexiva. Es una escuela que se detiene, que observa, que escucha.

Es una escuela que se pregunta constantemente:

- ¿Esto beneficia realmente a nuestros alumnos?
- ¿Qué dicen los estudios y la experiencia sobre esta práctica?
- ¿Estamos midiendo el impacto de lo que hacemos o solo seguimos tendencias?

Una escuela centrada en las evidencias es una escuela valiente porque no teme cuestionarse, cambiar y mejorar. Es una escuela que confía más en el análisis que en la improvisación, más en la ciencia que en la moda, más en lo que está probado que en lo que está de actualidad.

Sueño con aulas donde las estrategias pedagógicas no se elijan por intuición, sino por su capacidad para mejorar el aprendizaje. Sueño con equipos docentes que trabajen en comunidad, analizando lo que funciona y lo que no, compartiendo buenas prácticas y ajustando lo que sea necesario.

Sueño con una escuela que valore tanto el proceso como el resultado. Que evalúe no solo con números, sino también con una mirada integral. Que se atreva a replantearse cuando algo no funciona y celebre con humildad cuando lo hace.

No se trata de apagar la pasión por innovar, más bien hablamos de darle raíces para que crezca firme. Las evidencias son esas raíces: nos sostienen, nos guían y nos dan la seguridad de que estamos construyendo algo sólido, pero también necesitamos alas, ya que la educación sin creatividad pierde su verdadero potencial.

Una escuela centrada en las evidencias no es una escuela sin corazón. Es una escuela que combina la pasión con la razón, la emoción con la reflexión, la intuición con el análisis. Es una escuela que no olvida que, detrás de cada decisión, están las vidas y los sueños de nuestros alumnos.

Soñar con una escuela más centrada en las evidencias que en las ocurrencias no es un ideal inalcanzable. Es un compromiso que podemos empezar a construir hoy, juntos, con cada decisión que tomemos, con cada práctica que revisemos, con cada alumno que inspiremos.

La educación no es un lugar para improvisar, es un lugar para transformar. Y para transformar, necesitamos evidencias y propósitos que nos guíen.

22

Sueño con una escuela
que haga de Pepito el mejor Pepito
que Pepito pueda ser

Educar no debería ser fabricar moldes y obligar a nuestros alumnos a encajar en ellos. Educar no debería ser imponer un camino. Educar es acompañar en la búsqueda del propio camino o, como bien dice Senador Pallero:

> «Educar es hacer de Pepito el mejor Pepito
> que Pepito pueda ser».

Y esta afirmación, tan sencilla como profunda, encierra el alma de la educación personalizada: reconocer que cada alumno es único, irrepetible y que nuestra misión no es uniformarlos, sino ayudarlos a desplegarse en toda su singularidad.

Víctor García Hoz, pionero del concepto de educación personalizada, lo expresó con claridad: «Educar es mucho más que personificar o customizar. No se trata de fabricar personas como si fueran productos ajustados a la medida de nuestras expectativas o de las necesidades del mercado. La educación personalizada va mucho más allá».

Educar en este sentido es, ante todo, un encuentro personal. Es la conexión entre un docente que mira más allá del alumno y un alumno que confía en ese maestro que lo comprende y lo respeta. Es un acto de libertad mutua, donde se tienden puentes entre el conocimiento y la persona, entre lo que se enseña y lo que se vive.

Si algo busca la educación personalizada es que cada persona se abra a la realidad de manera única, estableciendo vínculos valiosos con ella.

Cada curso, cuando me enfrento a una nueva clase, no quiero que mis alumnos se conviertan en lo que yo podría desear. Quiero que descubran quiénes son, que abracen su singularidad, que hagan de su vida un proyecto personal lleno de sentido. Como decía García Hoz, la finalidad es ayudarles a dirigir su propia vida, incrementando su libertad y su capacidad de tomar decisiones conscientes.

La educación personalizada nos enseña que no hay una receta única para todos. Cada alumno es como un paisaje diferente: unos son montañas imponentes, otros ríos serenos, algunos desiertos misteriosos. Nuestra tarea no es cambiar su esencia; más bien, nuestra tarea consiste en guiarlos para que sean la mejor versión de sí mismos.

Educar es ayudarlos a trazar un camino, un camino que no puede ser el nuestro; un camino que debe ser suyo, con todas sus curvas, desvíos y rectas inesperadas. Educar no es imponer, es proponer.

Estos sencillos consejos nos pueden ayudar a alcanzar una educación que humanice:

1. Escucha antes de enseñar

La educación personalizada comienza cuando escuchamos al alumno, cuando descubrimos sus inquietudes, sus talentos y sus dificultades. Solo desde la escucha podemos acompañar de manera auténtica.

2. Respeta su ritmo y su esencia

No todos florecen en primavera. Algunos necesitan el verano, otros el otoño. Respetemos los tiempos de cada uno, porque la educación no se mide en calendarios, sino en procesos.

3. Acompaña con firmeza y ternura

Educar es sostener sin sofocar, guiar sin dirigir, empujar sin imponer. Es un equilibrio constante entre la paciencia y la exigencia, entre la firmeza y la ternura.

4. Ayuda a mirar hacia adentro y hacia afuera

La educación personalizada invita al alumno a conocerse, a descubrirse, pero también a abrirse al mundo, a establecer relaciones valiosas con la realidad que lo rodea. Es un equilibrio entre introspección y conexión.

Al final, el objetivo no es crear alumnos perfectos según estándares externos. Es que cada uno sea libre para diseñar su vida como un proyecto personal, para elegir con criterio, para soñar con valentía y para convertir esos sueños en realidad.

Educar es iluminar, no deslumbrar.
Es acompañar, no dirigir.
Es inspirar, no imponer.

Es hacer de Pepito el mejor Pepito que pueda ser,
no el Pepito que nosotros imaginamos.

Educar es ayudar a tus alumnos a brillar.

Y en ese proceso, también nosotros aprendemos, porque educar no es solo enseñar, es compartir un viaje, un descubrimiento, una experiencia.

23

Sueño con una escuela que no acalla

Hay una gran reflexión del pedagogo Ovide Decroly que siempre me acompaña y que, todos los cursos, viene a mi cabeza para guiarme y para hacerme reflexionar sobre mi manera de educar. Es la siguiente:

«¿No es una tontería querer favorecer la evolución de las facultades del niño condenándolo a la inmovilidad y al silencio durante las mejores horas del día y durante los años más espléndidos de su vida?».

Pensemos... Normalmente en las aulas nos encontramos niños que solo pueden hablar cuando nos interesa y de lo que nos interesa. Niños que piden permiso para todo y que se habitúan a recibir órdenes y a obedecer. Niños que cuando crecen y se presenta ante ellos la ocasión de poder optar, de poder elegir, sienten miedo y temor; niños que tiemblan ante la responsabilidad de ser ellos los que deben decidir.

La educación nunca debería estar alejada de la vida y regida por relaciones autoritarias que buscan la sumisión y que acostumbran a nuestros alumnos a esperar siempre indicaciones o propuestas ajenas para pasar a la acción.

Los niños necesitan maestros y padres tejedores que sepan que sus alumnos o hijos son capaces de mucho más de lo que tenemos previsto para ellos. Tejedores que tejan para alejarnos cada vez más de un modelo educativo que proviene de la época de la Ilustración y que fomenta y valora que el alumno repita y reproduzca. Tejedores que tejan todas estas palabras en cualquier escuela y en cualquier hogar: paciencia, emociones, calidez, amor, humor, ternura, pasión, afectividad, creatividad, experiencias, constancia, deseos, escucha, comprensión, empatía, diálogo… Tejedores que no solo piensen en preparar para el futuro, porque el futuro está en el presente, en atender sus necesidades e intereses aquí y ahora. Estoy un poco cansado de las tan mencionadas «aulas del futuro». Genial que existan, pero al final… ¿quién va a disfrutar de ellas? Menos aulas del futuro y más aulas del presente con el espacio suficiente, con las condiciones adecuadas y bien dotadas para todos. Tejedores que tejan todos los días para terminar con las escuelas que, por lo menos a mí, no me gustan:

Las escuelas que acallan

No me gustan las escuelas que acallan los corazones,
me gustan las escuelas que laten.

No me gustan las escuelas que acallan las voces infantiles,
me gustan las escuelas que susurran, juegan y escuchan.

No me gustan las escuelas que acallan el amor,
me gustan las escuelas que abrazan.

No me gustan las escuelas que acallan las risas,
me gustan las escuelas que ríen y tienen sentido del humor.

No me gustan las escuelas que acallan los sueños,
me gustan las escuelas que sueñan y dejan soñar.

No me gustan las escuelas que acallan las emociones,
me gustan las escuelas que emocionan y se emocionan.

No me gustan las escuelas que acallan los sentimientos,
me gustan las escuelas que sienten y se expresan.

No me gustan las escuelas que acallan a las familias,
me gustan las escuelas que abren sus puertas.

No me gustan las escuelas que acallan las necesidades,
me gustan las escuelas que atienden las demandas.

No me gustan las escuelas que acallan las ideas,
me gustan las escuelas que creen en ellas.

No me gustan las escuelas que acallan el entorno,
me gustan las escuelas que se vinculan con él.

No me gustan las escuelas que acallan las pasiones,
me gustan las escuelas que despiertan talentos.

No me gustan las escuelas que acallan la vida,
me gustan las escuelas que viven y dejan vivir.

¡No dejemos nunca de tejer! ¡Gracias por no dejar de hacerlo!

24

Sueño con una escuela
que sepa que su infancia se va
si un móvil antes de tiempo les das

La infancia es el patio en el que jugaremos el resto de nuestra vida; la casa que siempre habitaremos.

¿Queremos que la infancia de nuestros niños y niñas sea más fugaz de lo que ya lo es? ¿Queremos que se les vaya antes de tiempo?

Sueño con una escuela que propague el siguiente pensamiento a las familias y a la sociedad:

Su infancia se va si un móvil, antes de tiempo, les das.

Su infancia se va cuando dejan de jugar y una pantalla empiezan a observar.

Su infancia se va si cara a cara dejan de dialogar y se dedican a chatear y *wasapear*.

Su infancia se va cuando en el parque ya no quedan y en línea se empiezan a conectar.

Su infancia se va cuando sin wifi no saben estar y su creatividad se empieza a marchitar.

Su infancia se va cuando viajan secuestrados por una película o por una consola y se olvidan de cantar y de contemplar lo que hay más allá de la ventana.

Su infancia se va cuando antes de lo permitido abren TikTok o Instagram y la naturaleza dejan de visitar.

Su infancia se va cuando a Google todo van a buscar y las preguntas y respuestas propias empiezan a escasear.

Su infancia se va cuando todo el día con la *tablet* están y a los ojos se dejan de mirar.

Su infancia se va cuando con los videojuegos se comienzan a obsesionar y del pillapilla o del escondite empiezan a pasar.

Su infancia se va cuando dejan de disfrutar de la belleza de la vida y solo están preocupados de retransmitirla.

Su infancia se va cuando con un dispositivo digital se van a acostar y es lo primero que miran al despertar.

Su infancia se va cuando la tecnología los consigue aislar y no son capaces de hacer y mantener amigos en la vida real.

Su infancia se va cuando el móvil omnipresente está y a él pueden acceder en cualquier momento y desde cualquier lugar.

Su infancia se va cuando del entorno que les rodea dejan de disfrutar y les cuesta salir del mundo virtual.

Su infancia se va cuando les cuesta resolver cualquier desafío intelectual y a internet siempre recurren para intentarlo solucionar.

Su infancia se va cuando sin conocimiento alguno empiezan a navegar y en el inmenso mar de la Red van a naufragar.

Su infancia se va cuando con extraños empiezan a chatear y engañados, manipulados y extorsionados serán.

Su infancia se va cuando ven lo que no deben ver a su edad y normalizan lo que no es normal.

Su infancia se va cuando a través de las redes construyen su identidad y piensan que a más *likes* más van a gustar.

Su infancia se va cuando con emoticonos todo expresan y se olvidan de la importancia de abrazar de verdad.

Su infancia se va cuando los placeres cotidianos empiezan a «pantallizar» y se olvidan de ver, oler, saborear, tocar y escuchar.

Su infancia se va cuando ya no se saben controlar y no son capaces de desconectar.

Su infancia se va cuando consiguen un sobresaliente en «Habilidades virtuales» y suspenden en «Habilidades sociales».

Su infancia se va cuando sin estar preparados un teléfono mal llamado «inteligente» les pones en las manos.

Su infancia se va cuando utilizamos la tecnología como chupete emocional y los hacemos dependientes y esclavos de ella.

Su infancia se va si como madre, padre o educador no asumes tu responsabilidad y atento no estás.

Su infancia se va cuando ejemplo al respecto no das y haces lo contrario de lo que insistes en predicar.

Su infancia se va cuando nadie habla a la hora de comer y cenar y una televisión roba las miradas y las palabras; cuando la caja tonta todo lo acapara.

Su infancia se va cuando enciendes muy a menudo una pantalla y, a la vez, sin darte cuenta, a ellos los apagas.

Su infancia se va y muchas cosas importantes se perderán.

Su infancia se va y no volverá jamás.

Su infancia se va y durante toda su vida, para bien o para mal, los acompañará.

Su infancia se va y con ella, quizás, algo más.

Tú verás.

25

Sueño con una escuela que propaga el «efecto purpurina»

La innovación puede propagarse de unas personas a otras y de unos centros educativos a otros como la purpurina. Recuerdo mis clases de plástica en Educación Primaria realizando trabajos con purpurina, intentando pegarla dentro de determinadas figuritas e intentando recogerla en el bote al terminar. ¡No te la podías quitar de encima! Luego tocabas a un compañero y se la llevaba puesta.

Pues bien, con la innovación pasa como con la purpurina: en cuanto la sacas del bote, ya no hay manera de volver a meterla. No hay forma de contenerla, de evitar que se propague, de evitar que brille... La innovación comienza y se extiende gracias al efecto purpurina.

Todo comienza abriendo esos botes de purpurina presentes en cualquier centro educativo.

¿Cuáles son los primeros botes de purpurina que debemos abrir?

1. Bote de purpurina «OPTIMISMO»: el optimismo y el buen humor se contagian, nos animan y nos ayudan a innovar. Decía

Víctor García Hoz: «En cualquier cosa, acontecimiento o relación personal puede haber algún bien». Al abrir este bote de purpurina estaremos aprendiendo a mirar así. Las personas optimistas vibran, no es necesario empujarlas ni decirles que hagan las cosas. Simplemente las hacen.

Innovar es vibrar.

2. Bote de purpurina «SOLUCIONES»: necesitamos personas que se centren en buscar soluciones y no en buscar problemas. Si abrimos este bote, cuando surjan dificultades habrá más docentes aportando cosas y menos docentes buscando excusas.

Innovar es solucionar.

3. Bote de purpurina «TIEMPO»: innovar podría ser pasar de A a B, siendo B = alumno protagonista. Ese paso de A a B requiere tiempo. Creo que últimamente hablamos y tenemos muy claro que los alumnos deben ser los protagonistas de su aprendizaje, pero se nos olvida algo importante: seguimos diciéndoles qué, cuándo y cómo aprender. Es como si les consideráramos protagonistas de la película de la cual somos directores. Quizás deberíamos olvidarnos del «alumno protagonista» para pasar al «alumno director». Necesitamos tiempo para escucharnos y para escuchar a nuestros alumnos, para acompañar sin presionar, para conectar, para conseguir un aprendizaje sin jerarquías...

Innovar es escuchar, conectar y acompañar.

4. Bote de purpurina «EMOCIONES»: en los centros educativos existen muchos intercambios interpersonales entre todos los miembros de la comunidad educativa; contactos que dejan huellas emocionales. Procuremos que esas huellas sean dulces para que nosotros, nuestros alumnos y las familias se sientan mejor. Con huellas emocionales amargas e impregnados de emociones negativas y malestar no se puede innovar.

Innovar es emocionar.

5. Bote de purpurina «CONFIANZA»: generamos confianza confiando. Cuando alguien confía en ti, inconscientemente tiendes a confiar en los demás. La innovación tiene un techo, nuestras expectativas. La confianza se contagia y está demostrado que cuando alguien confía en nosotros aumenta nuestra lucidez, nuestra energía y nuestros pensamientos creativos. La confianza nos dará alas, las alas que necesitamos para innovar.

Innovar es confiar.

La utopía está en el horizonte.
Me acerco dos pasos, ella se aleja dos pasos.
Camino diez pasos y el horizonte se corre
diez pasos más allá.
¿Para qué sirve la utopía?
Para eso sirve: para caminar.
Eduardo Galeano

Innovar no es una utopía,
innovar es caminar.

Sueño con una escuela que camine junta, que propague este efecto purpurina y que practique la mayor innovación atemporal que existe:

Querer al alumno.

26

Sueño con una escuela que crea en los superpoderes de cada uno de sus alumnos

Tengo claro que el mayor de los superpoderes al que un adulto puede aspirar se llama «ON» (Ojos de Niño). Os invito a continuar leyendo este capítulo con este superpoder activado.

Es muy importante que pensemos que todos nuestros alumnos son maravillosos, pero aún es más importante que ese mensaje se exprese y llegue a ellos. Tenemos que hacerles sentir personas realmente valiosas, superhéroes capaces de cambiar el mundo. En el momento en el que miramos a los niños como si fueran un auténtico tesoro, les estamos haciendo sentir que son especiales y excepcionales.

En todo momento y en todo lugar, debemos evitar las etiquetas inhibidoras que detienen el crecimiento, el aprendizaje, la autoestima, la confianza, los talentos y las posibilidades de nuestros alumnos e hijos.

Para conseguir ver a estos superhéroes y poder disfrutar de sus superpoderes hay que realizar tres sencillas acciones en el aula y en el hogar:

1. Mirar y escuchar para encontrar lo mejor de cada niño.
2. Tener ilusión y pasión para despertar el deseo de aprender.
3. Mostrar paciencia y ternura para abrazarlos (no solo se abraza con los brazos).

Cuando llevamos a cabo estas acciones, el efecto purpurina del que acabamos de hablar se manifiesta y tiene lugar. Como ya dije, cuando sacas la purpurina del bote ya no hay manera de volver a meterla, ¿verdad? Pues cuando sacas a la luz los superpoderes de tus alumnos ya no hay manera de contenerlos. Brillan y pasan de unos a otros. ¡Se contagian!

Existen verbos que pueden transformar la educación y el mundo. Sin duda, dos de ellos son *creer* y *confiar*. Verbos que deberían enseñar a conjugar en todas las facultades de educación antes de enseñar a enseñar cosas para que los alumnos puedan aprobar exámenes. Verbos que se deberían desayunar todas las mañanas en cualquier escuela.

Es fundamental que confiemos en nuestros alumnos, que creamos en sus capacidades de aprender y de esforzarse, en sus ganas de comportarse y hacer las cosas bien. Esa confianza solo es real cuando les damos la oportunidad de actuar con autonomía, de equivocarse, de probar, de intentarlo, de rectificar.

Está claro que la confianza requiere reciprocidad. No podemos pretender que los alumnos confíen en nosotros si nosotros no confiamos en ellos. Y creo, sinceramente, que la confianza es uno de los aspectos vitales del proceso educativo. La confianza protege, compromete, estimula, empuja y da fuerza. Nadie quiere defraudar a las personas que quiere y que le quieren. Si queremos a nuestros alumnos e hijos y ellos nos quieren a nosotros, la motivación y el rendimiento de todos aumentará exponencialmente.

En nuestras clases podemos encontrar diez superpoderes. No quiero decir que todos los niños tengan esas cualidades, al igual que los adultos no las tenemos, pero, a buen seguro, en un aula habitan todas o muchas de ellas. Si se las hacemos ver, empezará sin más el efecto purpurina. Entonces, solo tendremos que abrir bien los ojos y disfrutar del espectáculo.

Estos son los diez superhéroes de los que os hablo:

1. PI: Pies inquietos
2. AC: Alegría contagiosa
3. RE: Risa espontánea
4. PI?: Pregunta ilimitada
5. AD: Abrazo denso
6. CC: Corazón cautivador
7. ML: Mirada limpia
8. CSL: Creatividad sin límites
9. MA: Manos amigas
10. BA: Búsqueda apasionada

Hay un precepto de *sir* Thomas Browne que siempre comparto con mis alumnos para hacerles ver que todo lo que buscan está en su interior y que solo hay que mirar dentro de cada uno para encontrarlo. Os lo dejo para cerrar este capítulo:

Albergamos en nuestro interior las maravillas
que buscamos a nuestro alrededor.

27

Sueño con una escuela que sepa cuidar-se

Hay escuelas que enseñan a leer, a sumar y a escribir…, pero yo sueño con una escuela que, además, enseñe a respirar, a parar y a sentir. Una escuela que abrace despacio a quienes la habitan; que no corra tanto, que no se pierda en el ruido de lo urgente, y que recuerde que lo esencial no siempre tiene forma de tarea, pero sí de ternura.

Soñar con una escuela que sabe cuidar-se es imaginar aulas donde el silencio también educa, donde el cuerpo se escucha y la emoción no se esconde bajo el pupitre. Si queremos cuidar a nuestros alumnos, primero hemos de aprender a cuidarnos.

El cuidado no es un lujo, es una necesidad. Es la raíz que todo lo sostiene. Cuidar-nos para no quebrar-nos. Cuidar-nos para poder cuidar. Cuidar-nos porque también somos parte de la escuela y una escuela que se cuida es una escuela que florece.

Podemos empezar a cuidar-nos haciendo realidad los siguientes diez consejos que voy a compartir:

1. Bien-quiérete
Si estás haciéndolo
lo mejor que puedes…
no te trates mal,
no te hables mal,
no te quieras mal.
Sé amable y paciente
contigo mismo,
todo llegará.

2. Aligera
Si quieres que tu vida fluya,
deja de asumir cargas
que no son tuyas.
Aquello que no esté en tus manos
sácalo de tu cabeza.

3. Culpa
No te culpes
de lo que no eres
culpable.
Así de fácil.
Así de difícil.

4. Selo
Sé
más amable
contigo mismo.

5. Aprendizaje vital
Evitar
dependencia
respecto del
juicio ajeno.

6. Antes

Antes de preocuparte, pregunta.
Antes de dudar, pregunta.
Antes de juzgar, pregunta.
Antes de suponer, pregunta.
Antes de cuestionar, pregunta.
Antes de sentenciar, pregunta.
Antes y siempre,
pregunta.

7. Personas sacapuntas

Cuidado con las
«personas sacapuntas».
Aquellas que,
hagas lo que hagas,
digas lo que digas,
le sacan punta a todo.

8. No te olvides

Nos pasamos media vida
cumpliendo con los demás
y nos olvidamos de cumplir
con nosotros mismos.
¡Cúmplete!

9. Ordinal

En la vida,
1.º lo 1.º,
2.º todo
lo d+.

10. -se

En infinitivo es sencillo,
lo complicado es conjugar
de manera reflexiva:

Regalar-,
querer-,
escuchar-,
conocer-,
perdonar-,
creer-,
sentir-,
crear-,
soñar-

...⁻

Y ahora, respira. Hazlo despacio. Hazlo con conciencia. La escuela que soñamos empieza en nosotros. Empieza cuando nos damos el permiso de descansar sin culpa, de pedir ayuda sin vergüenza, de decir «no» sin miedo. Esa escuela no es una utopía. Esa escuela es posible si hacemos del cuidado un compromiso compartido, si convertimos el bienestar en un valor educativo y si entendemos que enseñar también es un acto de amor hacia uno mismo.

Y tú, ¿cuánto te estás cuidando?

28

Sueño con una escuela que fabrica sueños

Los docentes somo fabricantes. Día a día fabricamos y ayudamos a fabricar sueños, ambientes inspiradores, ilusiones, experiencias de aprendizaje, preguntas y respuestas no «googleables» y dosis de confianza.

Nos diferenciamos del resto de fabricantes en que no nos especializamos en fabricar un determinado producto, de hecho, no fabricamos ningún producto igual, todos son diferentes.

Algunos de los productos que fabricamos día a día son:

Dosis de confianza

¿Cómo se fabrican? Este producto es el más sencillo de fabricar y sin duda el más importante. Se fabrica creyendo en nuestros alumnos, queriéndolos y valorándolos. Sabiendo que todos son inteligentes y permitiendo que afloren esas virtudes y talentos que poseen. Si generamos confianza en ellos, superarán los obstáculos y verán el error como fuente de aprendizaje.

Preguntas y respuestas no «googleables»

Preguntas que no pueden ser encontradas en Google y que ayudan a desarrollar el pensamiento crítico. La escuela debe tener respuestas para estas preguntas y ayudar a los alumnos a buscarlas.

Experiencias de aprendizaje

Tenemos que convertirnos en diseñadores de experiencias de aprendizaje. Ofrecerles múltiples experiencias para que utilicen sus múltiples inteligencias y para que el aula se convierta en un laboratorio, en un museo, en una biblioteca, en un estudio de música, en un teatro, en un taller, en una galería de arte, en una comunidad...

Ilusiones

Todos los niños tienen ilusiones. Nuestra función es conocerlas y potenciarlas a través de sus talentos. Un niño que tiene una ilusión por algo es un tesoro, una llama creativa que no podemos apagar.

Ambientes inspiradores

Si creamos ambientes inspiradores convertiremos el colegio en un escenario de aprendizaje que permitirá que los alumnos aprendan comprendiendo y de una manera competencial. Para conseguirlo debemos empezar por rediseñar el espacio físico del centro educativo y del aula en la medida de lo posible.

Sueños

Nuestros alumnos tienen que saber que sus sueños son muy importantes y que deben intentar convertirlos en realidad. Soñar nos anima a caminar hacia adelante y a entender que la vida puede ser tal como nosotros queramos.

Si hay docentes fabricantes, las escuelas se convertirán en fábricas de sueños, de ilusiones, de aprendizajes, de confianza, de vida.

La escuela es un lugar ideal para echar los sueños a volar.

¡A fabricar!

29

Sueño con una escuela que disponga de chicles ECA (Estímulo, Confianza y Apoyo)

Desde mi punto de vista, los proyectos innovadores tienen que partir de la iniciativa, del esfuerzo y de la colaboración de todos. Los equipos directivos no deben convertirse en locomotoras que arrastran vagones sin más. No pueden ni deben diseñar y desarrollar las innovaciones. Si las iniciativas innovadoras tienen carácter jerárquico provocarán resistencias e inhibiciones. Tampoco deberían volverse locos por innovar a toda costa, ya que la innovación por la innovación no es un valor.

Entiendo al equipo directivo como una fuerza capaz de hacer que todos aporten lo mejor de sí mismos. Como una especie de generador de ilusión, iniciativa y autonomía. Como un clima que hace que las plantas crezcan y florezcan.

El equipo directivo ha de hacer posible la innovación proporcionando a su claustro chicles ECA (Estímulo, Confianza y Apoyo).

Estímulo

- Los equipos directivos no deben aplastar la iniciativa. Si lo hacen corren el peligro de provocar la indiferencia en sus docentes y conducir a la rutina.

- Antes dije que los equipos directivos no tienen que hacer todo, pero tampoco no permitir hacer nada.
- Sería necesario que estos equipos crearan un clima en el que el florecimiento de las iniciativas sea fácil y en el que se dé tiempo para intercambiar ideas, dar cauce a las discusiones, tener en cuenta las discrepancias, favorecer la decisión participada, etc.
- ¿Qué conviene estimular? Iniciativas didácticas, utilización de nuevas metodologías, ideas, creatividad, proyectos colaborativos, apertura al entorno, establecimiento de alianzas, creación de recursos y canales de difusión, procesos de indagación-investigación surgidos de las inquietudes de sus docentes, etc.

Confianza

- El equipo directivo debe dar muestras de apertura y sinceridad, así como garantizar la independencia de las opiniones.
- No debe someter a debate lo intrascendente e imponer lo esencial.
- Deben tener muy presente que no basta con querer y saber. Es preciso poder hacer con un margen de autonomía y confianza suficiente.
- ¿En quién confiar? En los docentes, en sus ideas, en sus capacidades, en su creatividad...

Apoyo

- El equipo directivo debe ser una fuerza que haga posible la transformación, que genere las condiciones necesarias y que facilite los medios.
- Tiene que apoyar a los docentes facilitando la formación adecuada, creando un clima favorable y proporcionando la posibilidad real de autoevaluar la práctica docente simplemente para mejorarla y no para juzgarla.

- Tiene en sus manos la posibilidad de evitar o aminorar el rechazo global al que se enfrentan las personas que toman la iniciativa. Este rechazo global se presenta bajo las más diversas argumentaciones: está mal planteado, no tiene importancia, es mucho trabajo a mayores, ya se hizo hace años, descalificaciones personales (tiene problemas, desea sobresalir, tiene obsesión por mandar, es una persona...), indiferencia, falta de colaboración y apoyo, reticencia y crítica contra los posibles resultados, etc. Lo más probable es que aquellas personas que toman la iniciativa y plantean nuevos retos solo estén pensando en cómo conseguir aumentar la motivación en sus alumnos.
- ¿Qué apoyar? Los proyectos innovadores que surgen de las ideas y creatividad de los docentes.

La mayoría de los docentes soñamos con emprender proyectos nuevos que mejoren la calidad de la enseñanza, pero por unos motivos o por otros no pasamos a la acción y nuestros sueños se quedan en el plano intelectual.

Los chicles ECA pueden animarnos a repensar lo que estamos haciendo y a convertir las escuelas en los lugares donde los sueños pueden hacerse realidad.

30

Sueño con una escuela que lucha por la LOERECE (Ley Orgánica de Educación que Realmente Escuche a la Comunidad Educativa)

La educación, ese pilar sobre el que se construye el futuro de una sociedad, ha sido tratada durante demasiado tiempo como una moneda de cambio político.

Ley tras ley, asistimos atónitos a un interminable baile legislativo que parece más preocupado por marcar territorio electoral que por atender las verdaderas necesidades de nuestras aulas. En nuestros países, como en otros tantos, no existen leyes educativas, existen venganzas electorales.

Muchas veces, quizás demasiadas,
lo esencial es invisible,
pero no para los ojos,
sino para el Ministerio de Educación.

Vivimos en un sistema educativo que, en lugar de responder a la realidad de nuestros alumnos, familias y docentes, se enreda en discusiones que poco tienen que ver con la educación. Cada cambio legislativo parece un nuevo parche, una ocurrencia que no resuelve los problemas estructurales. Es hora de alzar la voz y reclamar lo que verdaderamente necesitamos: una Ley Orgánica de Educación que Realmente Escuche a la Comunidad Educativa (LOERECE).

Antes de continuar, me gustaría dejar claro que creo que la política puede hacer muchas cosas por la educación, aquí os dejo cuatro de ellas:

1. Bajar la ratio y aumentar el profesorado.
2. Invertir con largueza.
3. Preocuparse por el bienestar y la salud mental de los docentes.
4. Ser consciente de que toda propuesta que intente mejorar la conciliación familiar debe tener como base que dicha conciliación no consiste en que nuestros hijos pasen más horas en el colegio, sino en que tengan más tiempo de calidad y en cantidad para estar con sus familias en casa, en el parque o allí donde quieran o necesiten estar. La conciliación está en la empresa, no en la escuela.

La educación no debería ser el tablero del juego político, sino un espacio de consenso. Urge una alianza educativa, un proyecto común que no cambie al ritmo de los gobiernos, que se construya sobre bases sólidas y duraderas.

¿Por qué no podemos soñar con una educación menos bulímica y más creativa que invite a nuestros alumnos a pensar, reflexionar, debatir y construir? ¿Por qué no podemos imaginar un sistema educativo que otorgue mayor autonomía a los centros y a los docentes, permitiéndoles adaptarse a la diversidad de realidades que existen en nuestras aulas?

La educación es demasiado importante para dejarla en manos de intereses partidistas. Y no se puede construir una ley educativa sin escuchar primero a quienes la viven día a día: los alumnos, las familias y los docentes.

Cada nueva legislatura trae consigo una nueva ley educativa. Cambian los nombres, los currículos, las prioridades…, pero los problemas de fondo permanecen. Este constante ir y venir no solo genera confusión, también genera desánimo.

¿Qué sentido tiene que los profesores, las familias y los alumnos vivan adaptándose constantemente a nuevas normativas si estas no parten de sus necesidades reales? Este baile de leyes no transforma, solo cansa y desorienta.

La LOERECE que te invito a soñar no es un capricho, es una necesidad.

Necesitamos una ley que sepa los alumnos no son números, que las familias no son espectadores y que los docentes no somos meros ejecutores. Que sepa que todos debemos ser parte activa en la construcción de un sistema educativo que tenga sentido. Que sepa que nadie conoce mejor las necesidades de un aula que quienes están dentro de ella.

Una ley educativa debería ser como los cimientos de una casa: sólida, estable y diseñada para durar. Esto solo es posible si se construye desde el diálogo, no desde la imposición y si se deja de asfixiar a los docentes con normas universales que no siempre encajan con las realidades locales.

Luchar por la LOERECE no es solo un acto de rebeldía, es un acto de esperanza. Es un grito para que la educación deje de ser tratada como mercancía política y pase a ser reconocida como lo que realmente es: la herramienta más poderosa para cambiar el mundo.

Necesitamos una ley que escuche, que respete, que transforme. Una ley que nazca de las voces de quienes construyen la educación día a día.

No se puede ni se debe educar desde el ruido de la política.

Sueño con una ley educativa en cuya elaboración sean fundamentales las voces de los docentes, de las familias y del alumnado.

Sueño con una ley educativa en la que por cada cosa que nos den no nos quiten tres.

31

Sueño con una escuela que elija bien sus *pes* (papeles o personas)

Enseñar no es un acto burocrático, es un acto profundamente humano, emocional y trascendental. Podemos tener la programación más detallada, los exámenes más estructurados, las rúbricas más impecables, pero si no miramos a los ojos de nuestros alumnos, si no les preguntamos cómo están, si no les hacemos sentir que son importantes, todo eso flotará en el vacío y no será suficiente.

La persona siempre estará por delante de cualquier contenido curricular, examen, ley o programación. Antes de formar alumnos brillantes, necesitamos mirar y conocer al alumno que tenemos delante.

Si un alumno no está bien emocionalmente, no puede estar bien académicamente. Es tan simple como eso. Un corazón roto, una mente saturada, un espíritu desmotivado no tienen espacio para el aprendizaje. Lo emocional es la llave de lo cognitivo.

Cuando un alumno se siente escuchado, comprendido y valorado, su mundo se abre, su mente se prepara para conectar ideas, para explorar, para crear. Para que eso suceda, primero debemos preocuparnos por lo que no está en los libros: su bienestar emocional.

Si queremos desarrollar en nuestros alumnos cualquier aspecto cognitivo, antes debemos preocuparnos y cuidar su aspecto afectivo.

La educación no está solo en los contenidos, está en las conexiones. Educar es saber que hay días en los que lo más importante no es terminar el temario, sino sentarte al lado de ese alumno que hoy llegó apagado, escucharlo y decirle: «Estoy aquí para ti».

Educar no es solo enseñar a aprobar un examen, es enseñar a superar un mal día. Es recordarles que, incluso en medio de los retos académicos, hay un espacio seguro donde pueden ser ellos mismos.

Elegir personas no significa que dejemos de lado los contenidos. Significa que les damos un contexto humano y significativo. Que entendemos que el aprendizaje no es un acto mecánico, sino una experiencia emocional.

Imagina un aula donde cada alumno se sienta visto, escuchado y valorado. Un lugar donde el maestro no solo enseña, sino que acompaña. Donde los libros son importantes, pero las miradas y las palabras lo son más. Ese es el tipo de educación que transforma vidas, ya que cuando un alumno siente que importa, todo lo demás cobra sentido.

Correr por correr,
hacer por hacer,
nos aleja de aprender.

La elección está en nuestras manos cada día. Podemos quedarnos atrapados en los papeles, en las actividades, en las prisas o podemos levantar la mirada, conectar con esos ojos que esperan ser vistos y atender esos corazones que necesitan ser tenidos en cuenta.

Educar es algo más emocional que curricular.

Antes que 25 alumnos a los que enseñar,
tienes 25 realidades que contemplar,
50 ojos a los que mirar y
25 corazones con los que conectar.

Un maestro, una maestra es lo que deja en el corazón de sus alumnos y alumnas.

32

Sueño con una escuela
que sueña personas

Educar no es simplemente transmitir conocimientos ni completar temarios ni preparar exámenes. Educar es mucho más que eso. Educar es un acto de fe, de esperanza, de imaginación. Educar es soñar personas auténticas, sensibles y abiertas.

Es soñar con que cada alumno alcance su máximo potencial, con que descubra quién es y lo abrace sin temor. Es soñar con que cada uno sea capaz de ser lo que desea y, sobre todo, con que aprenda a ser quien realmente es, bajo el lema que tantas veces les repito:

¡¡Tú sé tú!!

Cada alumno que entra en nuestras aulas es un universo por explorar, un poema que aún no ha sido escrito, una melodía que aún no se ha compuesto. Soñar personas significa mirar más allá de lo que hacen hoy y visualizar lo que pueden llegar a hacer y a ser mañana.

Soñar personas no es imponer un camino, es acompañarlos en el suyo. Es saber que nadie puede ser plenamente feliz tratando de ser otro. Es saber que solo serán felices cuando aprendan a ser ellos mismos, con sus luces y sus sombras, con sus talentos y sus desafíos.

Todo docente debe tener claro que el alumno soñado es el que viene, con lo que venga y cuando venga. Abracemos lo que son mientras los ayudamos a ir en busca de lo que podrán ser.

En un mundo que constantemente nos empuja a encajar, «tú sé tú» es una declaración de valentía. Es un recordatorio de que no necesitamos ser perfectos, solo necesitamos ser auténticos.

Educar bajo este lema significa enseñarles que no necesitan compararse con nadie, que cada uno tiene su propio ritmo, su propio camino, su propia forma de brillar. Significa darles las herramientas para conocerse, aceptarse y transformarse y para entender que no hay mayor logro que ser fiel a lo que cada uno siente y es.

Me gusta que mis alumnos sepan mucho, pero, sobre todo,
y, en primer lugar, mucho sobre sí mismos.

Soñar personas es un acto de amor porque requiere mirar más allá de las etiquetas, de los resultados y de las dificultades. Requiere creer, incluso cuando parece imposible.

Soñar personas es imaginar a ese alumno que hoy duda de sí mismo convertido en alguien seguro y pleno. Es ver al que lucha con un tema complicado como alguien que un día logrará comprenderlo. Es confiar en que, aunque el proceso sea largo, siempre habrá un destino al que llegar.

Cuando soñamos personas, no soñamos que todos alcancen el mismo objetivo, ni que sigan el mismo camino. Cada alumno tiene un potencial único y nuestra labor es ayudarlos a descubrirlo, respetando siempre sus diferencias.

Educar es, en el fondo, un sueño compartido. Nosotros soñamos con que nuestros alumnos alcancen su máximo potencial y ellos sueñan con encontrar su lugar en el mundo. Nuestra labor es guiarlos para que esos sueños se crucen, para que encuentren el coraje de ser ellos mismos y el compromiso de perseguir sus metas.

Educar es creer que, aunque el presente esté lleno de desafíos, el futuro siempre guardará posibilidades. Educar es confiar en las personas, en sus sueños, en su capacidad de ser más y mejor.

Así que sigamos soñando personas y recordemos que cuando les enseñamos a soñar, también aprendemos a soñar nosotros. No hay mayor alegría que ver a alguien crecer, florecer, encontrarse a sí mismo y brillar con luz propia.

Soñando personas, ese el título de este capítulo y el título de mi primer libro publicado por esta misma editorial. Así empieza:

> *Nuestro corazón es un mosaico cuyas teselas son todas las personas y todos los momentos que viven en él. ¿Soñamos personas? No existe sueño más bonito. Estamos hechos de trocitos de otras personas. Me gustaría que este libro generara en ti la necesidad de aspirar a ser una de esas personas en la vida de otros.*

33

Sueño con una escuela que sea lluvia

En el interior de cada uno de nuestros alumnos hay semillas esperando su oportunidad para florecer. Tú, maestro; tú, maestra, debes intentar ser siempre la lluvia que esperan y que necesitan para hacerlo. ¡¡Sé lluvia!!

Cada palabra, cada gesto, cada mirada puede ser la gota que marque la diferencia, que despierte esa fuerza dormida, que impulse a cada alumno a crecer hacia lo mejor de sí mismo.

Creo que un buen maestro, una buena maestra debe ponerse siempre un chubasquero permeable.

Todos los docentes deberíamos entrar en el aula con el convencimiento absoluto de que vamos a aprender de nuestros alumnos más de lo que podamos enseñar. El aprendizaje entre alumnos y profesores es (o debería ser) recíproco y la edad es un factor irrelevante tanto para enseñar como para aprender. Nuestros alumnos pueden ser también nuestros grandes maestros.

Siempre que entro en clase veo a mis alumnos como esa lluvia fresca de verano, ese chirimiri tan agradable que deja olor a tierra mojada cuando cesa. Ante esa lluvia tan refrescante no se nos ocurre ponernos un chubasquero impermeable. Lo mejor es ponerse otro chubasquero, un chubasquero especial y permeable que nos permita disfrutar, empaparnos y nutrirnos de cada gota de agua.

Esas gotas de agua representan todo aquello que nuestros alumnos nos pueden enseñar: a ver el lado sencillo de la vida, a perdonar, a soñar, a divertirse, a jugar, a hacer amigos, a ser creativos o innovadores, a sonreír, a confiar en los demás, a explorar, a asombrarse, a pedir ayuda, a atreverse, a tener pensamientos esperanzadores, a extender el límite de lo posible, a pasar a la acción, a no rendirse, a perseguir sueños, a hacer castillos en el aire, a intentarlo de nuevo, a desplegar las alas, a no tener miedo, a convertirnos en esponjas absorbentes dispuestas a aprender.

Para mejorar, para aprender, para innovar, para educar, hay que mojarse. ¡Os invito a disfrutar de la llovizna con nuestro chubasquero permeable!

Sé que ser lluvia no es una tarea sencilla. La lluvia no decide qué semillas germinan ni cómo lo hacen, solo da lo mejor de sí misma para que el terreno sea fértil, para que las raíces encuentren su camino. Así es también el docente. No imponemos flores idénticas, no dictamos cómo deben crecer, solo creamos las condiciones para que cada uno encuentre su forma de florecer.

Ser lluvia significa estar presente. No solo enseñar contenidos, como ya comentamos en capítulos anteriores, sino también sembrar confianza, regar sueños y nutrir el alma de nuestros alumnos. Es recordarles, día tras día, que cada uno de ellos lleva dentro algo valioso y único que merece ser cuidado y alimentado.

Ser lluvia no es solo un acto de dar, es un acto de acompañar. Cada semilla tiene su propio ritmo, cada flor tiene su propio tiempo. Algunas germinan rápido, otras tardan más. Algunas crecen hacia la luz, otras incluso de espaldas a ella, otras hacia los lados…

El docente como lluvia no fuerza, no apresura. Espera con paciencia, celebra cada pequeño brote, confía en el potencial que aún no se ve. Ser lluvia es abrazar la diversidad, es entender que no hay un solo camino para crecer.

Las semillas no germinan en terrenos secos ni en climas de tormenta. Para que un alumno florezca, necesita sentir que está en un lugar seguro, donde no se le juzgue por sus errores, sino que se le valore por sus intentos.

Ser lluvia es cuidar el aspecto académico, pero también el emocional. Es escuchar con atención, mostrar empatía, ser un faro de apoyo en los días difíciles. Un corazón regado de cariño siempre tiene más fuerza para aprender y crecer.

Como en otros capítulos, os dejo algunos consejos, en este caso para ser la lluvia que nuestros alumnos necesitan:

1. Escucha como llueve

La lluvia fina cae suave, casi imperceptible, pero transforma el terreno. Escucha a tus alumnos con esa atención delicada que les haga sentirse vistos, valorados, apreciados y tenidos en cuenta.

2. Riega con palabras que nutran

Las palabras son gotas que calan dentro de nuestros alumnos. Usa palabras que motiven, que inspiren, que impulsen. Que cada frase tuya sea una caricia para su autoestima, para su confianza y para su crecimiento.

3. Sé constante como la lluvia que no cesa

El aprendizaje no siempre es inmediato. Hay días en los que no vemos cambios, pero cada gota cuenta. Sé constante, lo que hoy parece invisible, mañana puede florecer.

4. Acepta las flores tal como son

No todas las semillas darán flores iguales. Algunas serán coloridas, otras pequeñas, otras fuertes... Lo importante no es el tipo de flor, lo importante es que crezcan siendo ellas mismas.

Cada alumno lleva dentro una belleza que aún no ha descubierto. A veces, solo necesitan un maestro que crea en ellos, que vea en su interior lo que ellos todavía no ven. Un maestro que sea lluvia, que riegue con esperanza, paciencia y amor.

La lluvia no se pregunta si la semilla lo merece, simplemente cae, generosa, confiada, sabiendo que tarde o temprano algo hermoso emergerá.

Maestro, maestra, no subestimes el poder de tu influencia. Tú eres la lluvia que puede transformar el terreno más árido en un campo lleno de vida. Tus palabras, tus actos, tus gestos y tus conocimientos son la clave para que tus alumnos florezcan.

Me gustaría aquí hacer una pequeña aclaración sobre el conocimiento. En muchas ocasiones, cometemos el error de despreciar el valor motivacional de este. Saber los motiva y les permite crecer y aumentar su confianza en sus posibilidades.

Los recursos y las herramientas son importantes, pero tú, docente, eres imprescindible.

Sé lluvia.
Riega sueños y prepárate para contemplar la maravilla
de un jardín diverso que florecerá ante tus ojos.

34

Sueño una escuela
con una oreja verde

Un día, en el expreso Soria-Monteverde,
vi subir a un hombre con una oreja verde.

Ya joven no era, sino maduro parecía,
salvo la oreja, que verde seguía.

Me cambié de sitio para estar a su lado
y observar el fenómeno bien mirado.

Le dije: «Señor, usted tiene ya cierta edad;
dígame, esa oreja verde, ¿le es de alguna utilidad?».

Me contestó amablemente: «Yo ya soy persona vieja,
pues de joven solo tengo esta oreja.

Es una oreja de niño que me sirve para oír
cosas que los adultos nunca se paran a sentir:

oigo lo que los árboles dicen, lo que los pájaros cantan,
las piedras, los ríos y las nubes que pasan».

Así habló el señor de la oreja verde aquel día,
en el expreso Soria-Monteverde.

Gianni Rodari

En este maravilloso relato de Gianni Rodari, conocemos al hombre con una oreja verde, esa que, a pesar de su edad madura, sigue siendo joven, curiosa y capaz de oír lo que a los adultos nos cuesta tanto percibir. Esa oreja es más que un rasgo extraño; es una invitación a mirar el mundo con ojos de niño, a escuchar la magia que nos rodea y que, con el tiempo, solemos olvidar.

Y, en la vida de un maestro, esa oreja verde no es un lujo, es una necesidad. Es la puerta abierta al mundo de los niños, un canal que nos conecta con lo sencillo, lo mágico y lo extraordinario de cada día.

Tener una oreja verde no significa escuchar mejor, significa escuchar diferente. Es recuperar la capacidad de asombro que teníamos de pequeños, esa que nos permitía ver o hacer castillos en el aire y encontrar tesoros bajo el suelo.

La oreja verde nos permite escuchar cosas importantes que pueden pasar desapercibidas en este mundo que tanto corre, poco mira y nada escucha:

- El canto de los pájaros que los adultos ignoramos.
- El susurro de un árbol que se mece con el viento.
- El lenguaje silencioso de los niños, que muchas veces no se expresa con palabras, pero dice tanto…

Es una invitación a desconectar del ruido y de las prisas para conectar con lo esencial, con lo pequeño, con lo que verdaderamente importa.

Para cuidar nuestra oreja verde, necesitamos mantener vivo al niño que todos llevamos dentro. Ese niño que no tiene miedo a preguntar, que se sorprende con lo ordinario y que todavía cree en lo imposible.

En un mundo que nos empuja a ser prácticos, eficientes y siempre adultos, permitirnos ser un poco niños es un acto de resistencia. Es elegir ver el mundo como un lugar lleno de posibilidades, donde lo sencillo tiene valor y lo cotidiano puede ser extraordinario.

Los docentes, más que nadie, debemos mantener vivo a ese niño interior. Solo desde ahí podemos conectar con el universo de nuestros alumnos, entender su forma de mirar la vida y acompañarlos en su camino.

Que el niño que fuiste esté orgulloso del docente que eres.

Como todo músculo, la oreja verde necesita cuidado y entrenamiento. Aquí os dejo de nuevo algunos consejos para mantenerla viva y ejercitarla:

1. Haz pausas para escuchar

Detente y escucha lo que te rodea. ¿Qué dicen los pájaros? ¿Qué historia te cuenta el viento? ¿Qué secretos esconden las risas de tus alumnos? ¿Qué problemas o preocupaciones habitan en sus silencios?

2. Redescubre lo sencillo

Sorpréndete con lo pequeño: una hoja que cae, una gota de lluvia, una palabra inesperada. Aprende de los niños, ellos ven magia donde los adultos solo ven rutina.

3. Cree en lo imposible

Permítete imaginar, soñar, fantasear. Haz preguntas sin respuesta, plantea juegos absurdos, abre la puerta a la creatividad sin límites.

4. Conecta con tus alumnos desde su mundo

Escucha sus historias, ríe con ellos, deja que te muestren su manera de ver las cosas. En su mundo siempre hay algo que aprender.

Un maestro sin oreja verde corre el riesgo de perder la conexión con lo más puro de la enseñanza: la capacidad de sorprender y de ser sorprendido. Educar nos exige siempre ir más allá, compartir experiencias, alimentar sueños y acompañar procesos.

La oreja verde nos recuerda que, en educación, al igual que en la vida, lo más importante no siempre es visible. A veces, se esconde en un dibujo que no entendemos, en una sonrisa tímida o en una pregunta aparentemente absurda.

Con este capítulo, quiero animarte a cuidar y a entrenar tu oreja verde. A mantener viva esa conexión con el niño que fuiste y con los niños que tienes delante.

Solo escuchando desde el corazón
podemos llegar al corazón.

La educación no necesita docentes perfectos, necesita maestros y maestras que escuchen y que miren desde el niño que algún día fueron, desde el niño que aún habita en su interior. Docentes capaces de percibir lo que cada niño siente y necesita.

35

Sueño con una escuela con los pies en la tierra y la cabeza en las estrellas

Imagino las escuelas creativas como árboles firmes y frondosos: con raíces profundas que abrazan la tierra, bien ancladas en la realidad de su tiempo, pero con ramas que se alzan hacia el cielo, tocando las estrellas, soñando con lo que parece imposible. Son escuelas que entienden que no se progresa caminando siempre por los mismos senderos; se progresa abriendo nuevos caminos, atreviéndose a mirar más allá.

Las escuelas creativas tienen los pies en la tierra y la cabeza en las estrellas. Se enfrentan a la realidad de cada momento histórico viviéndola como un desafío.

- Son escuelas que impregnan el currículum de innovación y creatividad.
- Escuelas que huyen del «siempre se ha hecho así». Lo hacen porque saben que sin utopía y sin sueños no hay progreso; porque una utopía, un sueño, es un punto de referencia en el horizonte, un faro que puede iluminar muchas oscuridades.

- Son escuelas donde lo importante no solo es saber muchas matemáticas o mucha lengua, sino saber hacer comprensible el mundo a través de las matemáticas o a través de la lengua. ¿Y por qué no a través de otras áreas como música, educación física o arte?
- Escuelas optimistas y que ríen.
- Escuelas que saben que es más valioso el pasito que da todo el equipo, que la zancada solitaria de alguno de sus componentes.
- Son escuelas que innovan y sueñan con que sus alumnos alcancen las estrellas.

En estas escuelas, la utopía no es un delirio, es un faro. Es el punto en el horizonte que nos invita a avanzar, que nos recuerda que, aunque nunca lleguemos a alcanzarla, cada paso hacia ella nos transforma y nos mejora.

Sin sueños no hay progreso y sin utopías no hay cambio.

Estas escuelas no temen preguntar: ¿por qué siempre se ha hecho así? ¿Por qué no hacerlo de otra manera? Son espacios que entienden que la innovación no es un lujo, sino una necesidad y que educar no consiste simplemente en acumular saberes, sino en darles un propósito vinculándolos con la realidad y haciéndolos útiles.

En estas escuelas lo importante es aprender a comprender el mundo a través de lo que aprenden. Convertir los números en herramientas para descifrar problemas reales y las palabras en puentes que conecten ideas, emociones y personas.

Esta escuela que sueño no se queda ahí. ¿Por qué no aprender a entender el mundo también a través de la música que nos enseña a sentirlo? ¿O de la educación física que nos conecta con nuestro cuerpo y con nuestras capacidades? ¿O del arte que transforma la imaginación en algo tangible? Toda área puede y debe ser un prisma a través del cual mirar y comprender la realidad.

Son escuelas optimistas, que ríen con sus alumnos, que celebran los errores como parte del aprendizaje, que convierten los retos en oportunidades. Son escuelas que saben que la educación, más que una carrera de cien metros, es una marcha compartida, un maratón donde el ritmo de cada uno cobra mucho valor.

Son también escuelas que buscan, incansablemente, «el elemento» de cada uno de sus alumnos. Esa pasión que los enciende, que los mueve, que les da sentido. Entienden que no todos brillan de la misma manera, pero que todos tienen una luz propia que merece ser descubierta y potenciada.

Para ello buscan nuevas formas de enseñar, de inspirar, de conectar porque saben que la educación es, ante todo, un desafío. Además, tienen siempre muy presente su *leitmotiv*:

Que en nuestro
intento de enseñar,
nunca matemos
su deseo de aprender.

Estas escuelas no solo enseñan, sueñan. Sueñan con que sus alumnos alcancen las estrellas, con que desarrollen su máximo potencial, con que se conviertan en ciudadanos capaces de transformar el mundo. Y no lo hacen desde el idealismo vacío, lo hacen desde la convicción de que, con los pies en la tierra, también podemos rozar el cielo.

Al final, la educación es el arte de plantar sueños y de cuidarlos para que florezcan. Es mostrar a cada alumno que su límite no está en las paredes del aula, sino en el horizonte de sus posibilidades. Es saber que, a veces, su límite no es el cielo. Y para ello, es necesario salir de las j-aulas.

¿No deberían ser todas las escuelas así? Escuelas que impregnen cada rincón del currículum con creatividad e innovación. Escuelas que se atrevan a soñar, a buscar, a reír, a desafiar.

Escuelas que conviertan el aprendizaje en una experiencia significativa.

No hay educación sin sueños y no hay progreso sin utopías. Y en esa mezcla de tierra y de estrellas, de realidad y fantasía, es donde las mejores escuelas encuentran su verdadera esencia.

36

Sueño con una escuela que lleva a sus alumnos al estado CEM (Confío-Creo En Mí)

Si algo he aprendido en los últimos años es que todos somos creativos, pero necesitamos saber y creer que lo somos. Necesitamos confiar en nuestras posibilidades.

Tenemos que alimentar la creatividad de nuestros alumnos e hijos llenando las aulas y los hogares de vida, de experiencias, de sonrisas... y propiciando lo que me gusta llamar «actividades despertador», actividades que despierten su creatividad, su imaginación, su fantasía, su curiosidad, su ingenio, su humor...

A la vez que proponemos este tipo de actividades, debemos hacerles creer en sí mismos, hacerles ver que son capaces de mucho más de lo que ellos piensan. Para ello, el lenguaje que utilicemos juega un papel crucial.

El lenguaje es mágico y tiene la capacidad de hacernos creer en nosotros mismos e incluso puede enseñarnos a volar. Es necesario que utilicemos palabras mágicas y que desechemos las palabras «feas» que pueden producir un efecto Pigmalión negativo.

Hay palabras que dan alas y otras que las cortan:

Cuando le decimos a un niño «confío en ti», estamos sembrando seguridad; pero si le decimos «eres un desastre», estamos minando su autoestima.

Decir «tú puedes» abre puertas en la mente y en el corazón. En cambio, decir «no vas a lograrlo» cierra posibilidades antes de que puedan intentarlo.

«Inténtalo una vez más» invita a perseverar, mientras que «siempre te equivocas» clava una etiqueta que duele y se repite.

«Gracias por tu esfuerzo» valora el proceso; «eso es lo mínimo que podías hacer» lo minimiza y apaga la motivación.

Cuando afirmamos «eres valioso tal y como eres», damos identidad. Decir «nunca serás como tu hermano» compara y hiere.

«Estoy orgulloso/a de ti» abraza con palabras; «me decepcionas» deja un peso que cuesta levantar.

«Cada error es una oportunidad» transforma el fallo en aprendizaje. «Otra vez lo has hecho mal» refuerza el miedo a intentar.

Y cuando susurramos «eres capaz de cosas increíbles», encendemos una luz interior que jamás se olvida. Lo contrario ocurre cuando alguien escucha «no sirves para esto».

Las palabras mágicas tienen la capacidad de crear cosas buenas, por eso debemos elegir muy bien las palabras que utilizamos, ya que dan forma a nuestra realidad y a nuestras expectativas. Si hablamos y pensamos todo el día de forma negativa, encontraremos cada vez más negatividad a nuestro alrededor. Si, por el contrario, utilizamos palabras mágicas, nos será más fácil ver y hacer ver el lado soleado de la vida a nuestros alumnos e hijos.

Ojalá menos palabras que dañen,
destruyan, hieran, separen,
desanimen y resten.

Ojalá más palabras que respeten,
construyan, sanen, unan,
inspiren y sumen.

Hay que tener cuidado con las palabras que elegimos porque, para bien o para mal, marcarán a nuestros alumnos.

Otro aspecto que hay que tener en cuenta para no dañar su confianza y autoestima es la importancia de los sueños en el desarrollo y en la progresión de cualquier persona. Es importante que les ayudemos a proteger sus sueños y que garanticemos infancias.

Todo empieza por un sueño. Es lo que nos hace pasar a la acción. ¿Quiénes somos nosotros para menospreciar los sueños de nuestros alumnos?

Simplemente es cuestión de ponerse a andar y de guiarlos hasta que encuentren el sendero oportuno.

¿Por qué preocuparnos si construyen castillos en el aire?

Lo que debemos hacer es ayudarles a colocar las bases debajo de ellos.

¿Por qué preocuparnos si colorean y garabatean fuera de las líneas?

Ahí, fuera de las líneas, también pueden ocurrir y tener lugar muchas cosas, algunas de ellas increíbles e insospechadas.

Ya sabemos que todo sueño suele ir acompañado de algún que otro miedo. Por este motivo, como educadores hemos de enseñar a conquistar el miedo a nuestros alumnos e hijos. Conseguir que lo vean como una ocasión para mejorar y evolucionar. ¿Cómo conquistarlo? Actuando, como ya dije. La acción alimenta la confianza, la pasividad alimenta el miedo. Cuando lo conquisten, cualquier logro estará a su alcance o, al menos, más cerca de ser conseguido.

Por último, aunque no menos valioso, es vital que los estimulemos para que crean en sí mismos. Si conseguimos que tengan fe en sí mismos, acabarán sorteando cualquier obstáculo.

Podemos lograrlo haciendo que se sientan queridos y capaces. Siendo conscientes de que nuestras creencias y las suyas determinarán sus realidades. Enseñándoles a mantener diálogos internos sanos, justos y positivos. Y teniendo muy presente esta sabia reflexión de Nelson Mandela:

No te conviertas en algo menor de lo que puedas ser.

Si llevamos a la práctica todo lo aquí descrito es posible que nuestros alumnos alcancen uno de los estados más importantes, el estado CEM (Confío – Creo En Mí). Es este un estado sagrado que los adultos nunca deberíamos dañar. Un estado al que siempre debemos acceder sin romper nada. Un estado idóneo en el que, como ya dije anteriormente, debemos potenciar sus habilidades hasta eclipsar sus debilidades.

Si nuestros alumnos confían en sí mismos y creen que podrán tener éxito, su nivel de esfuerzo y de persistencia en la tarea planteada aumentará.

La escuela no debe ser solo un lugar donde nuestros alumnos puedan estar o aprender; debe ser también un lugar donde puedan ser. Eso es lo que sueño, una escuela «*to be*».

En este capítulo solo me atrevo a dar un consejo para cuidar el estado CEM de nuestros alumnos:

Corrige
susurrando,
felicita con
megáfono.

37

Sueño con una escuela
que se aleja del «yoyó» y del «yayá»

En algún rincón del tiempo, cuando los relojes aún sabían escuchar el ritmo del viento y los pupitres guardaban secretos de tiza y papel, educar era un arte lento y compartido. Hoy, sin embargo, dos virus invisibles y ruidosos han colonizado muchas aulas: el «yoyó» y el «yayá».

El «yoyó» no es aquel juguete que sube y baja entre risas en el patio, no. El «yoyó» del que hablo es un virus silencioso que inyecta dosis de egocentrismo en venas escolares. Yo primero. Yo quiero. Yo decido. Yo merezco. Es el *yoísmo* que se cuela en la mirada de muchos alumnos y, a veces, también en la de nosotros, los docentes. Un «yo» que se olvida de los otros, un «yo» que no abraza, que no espera, que no construye puentes, sino muros.

Y cuando el «yoyó» baila en la escuela, el aprendizaje se convierte en una carrera solitaria: cada uno corre en dirección contraria, como esos atletas que salen disparados en la pista, pero cada cuál hacia su propio abismo, sin una meta compartida.

A su lado, infectando el mismo aire, camina el «yayá», un virus aún más escurridizo. El «yayá» es esa urgencia de tenerlo todo ya, de devorar sin saborear, de saltar sin mirar, de terminar sin entender, de avanzar sin afianzar. Es el enemigo de la reflexión, el verdugo del pensamiento crítico. Todo rápido, todo superficial, todo sin masticar. Es un error educar como quien intenta leer un poema corriendo, sin detenerse en las pausas que son sus verdaderos latidos.

Y así, entre «yoyós» girando desbocados y «yayás» corriendo sin dirección, la educación se resiente. Los verbos enseñar y aprender necesitan tiempo. Necesitan pausas y calma. Necesitan silencios. Necesitan a los otros. Necesitan equipo.

Educar no es inflar globos de egos, ni construir autopistas de inmediatez. Educar es sembrar semillas, acariciar raíces, esperar brotes, acompañar los miedos, celebrar las primeras hojas. Y eso no ocurre al ritmo del «ya» ni bajo la bandera del «yo».

Como afirma John Dewey, «la educación no es preparación para la vida; es la vida misma». Y la vida, lo sabemos bien, no se vive a saltos ni se sostiene en soledad. La verdadera revolución educativa no vendrá de la mano de la tecnología ni de métodos importados. Vendrá de recuperar el latido lento del asombro compartido.

Decir no al «yoyó» y al «yayá» es, por tanto, un acto de resistencia pedagógica. Es volver al centro: al nosotros. Al paso compartido. Al tiempo necesario. A la reflexión profunda.

Hoy más que nunca
necesitamos en las aulas
más brújulas y menos relojes;
más preguntas y menos prisas;
más manos entrelazadas y menos dedos señalando.

Nos toca elegir: ¿queremos construir carreras individuales hacia ninguna parte o caminatas lentas, pero firmes, hacia un nosotros que merezca la pena?

38

Sueño con una escuela que crea guardarraíles para la tecnología y la IA

La tecnología avanza a una velocidad vertiginosa, como un tren que no se detiene. La Inteligencia Artificial (IA) es ahora su vagón más llamativo, lleno de promesas y de potencial. Sin embargo, sabemos que en ese trayecto también hay curvas cerradas y descensos vertiginosos. Ante este escenario, la escuela no puede actuar como un avestruz que esconde la cabeza bajo tierra, ignorando los desafíos que plantea esta tesitura. Debemos ser, más bien, los ingenieros que diseñan los guardarraíles de ese recorrido, marcando los límites que garantizan la seguridad en el viaje de nuestros alumnos.

Es fundamental recordar que el problema no reside en la tecnología misma, sino en el uso equivocado que a menudo hacemos de ella y en la falta de una clara regulación que proteja a la infancia hasta que estén capacitados para circular por estas carreteras. Eso sí, empecemos por el ejemplo. Los niños pocas veces escuchan lo que decimos, pero muchas veces miran lo que hacemos y lo que no hacemos. Se habla demasiado de la necesidad de quitar el móvil a los adolescentes y muy poco de lo beneficioso que sería empezar quitándoselo a los adultos.

La fascinación por lo digital no puede sustituir las experiencias humanas que nutren nuestra esencia: mirar a los ojos, tocar, dialogar, crear con las manos. La escuela debe ser ese espacio que, lejos de demonizar los avances tecnológicos, enseñe a utilizarlos, cuando llegue el momento (no antes), con criterio y responsabilidad.

Es fácil darse cuenta de que los algoritmos gobiernan gran parte de nuestra vida cotidiana. Nos sugieren qué ver, qué comprar, incluso qué pensar.

¿Cómo podemos proteger a las futuras generaciones para que no caigan en las trampas que estos esconden si no les explicamos cómo funcionan?

La educación en competencias digitales no es un lujo ni una asignatura más; es una necesidad urgente a la que nos debemos enfrentar.

Imagino una escuela que se remanga, que deja atrás la neutralidad cómoda y que pasa a la acción. Una escuela que no solo enseña a usar herramientas digitales, sino que forma mentes críticas capaces de analizar los contenidos que consumen. Una escuela que convierte a sus alumnos en usuarios responsables y no en víctimas pasivas de las pantallas.

Colocar guardarraíles a la tecnología y a la IA no significa rechazar su uso, sino encauzarlo. Es aprender a vivir con ellas sin perder nuestra humanidad. Es comprender que la IA, por muy inteligente que sea, nunca tendrá corazón; que su propósito debe ser complementarnos, ayudarnos, no reemplazarnos.

Como docentes, somos los responsables de diseñar estos límites. No podemos eludir nuestra tarea de educar en el mundo digital. Enseñar a nuestros alumnos a cuestionar lo que ven, a distinguir información de desinformación, a resistir la tentación de la inmediatez que todo lo promete, pero que poco ofrece.

Nuestros alumnos necesitan un equilibrio entre lo humano y lo digital, entre el mundo físico y el virtual. Necesitan aprender que, detrás de cada clic, hay una decisión; y que no todas las decisiones son inocuas. Por eso, debemos guiarlos, ayudarlos a entender que la tecnología puede ser una herramienta poderosa, pero también un arma peligrosa si no se usa correctamente y si se empieza a utilizar cuando sus cerebros no están preparados para ello.

Los guardarraíles que propongo no son rígidos, pero nos ayudan a poner los límites necesarios que marca el sentido común. Son guías que les permitirán explorar el mundo digital sin caer en sus abismos. Son luces (cortas, largas y antiniebla) que les ayudarán a distinguir el camino correcto entre las tinieblas de la sobreinformación y el brillo artificial de las pantallas.

Construyamos una escuela valiente, crítica y humana. Una escuela que, más allá de enseñar a usar herramientas, enseñe a usarlas bien cuando llegue el momento de hacerlo. Una escuela que forme a las mentes que, en el futuro, construirán nuevos caminos, nuevos trenes y horizontes.

Nuestro papel no es prepararlos para que sigan el trayecto, sino para que, algún día, sean ellos quienes diseñen los suyos propios.

Eso sí, no me gustaría finalizar este capítulo sin antes aportar 10 ejemplos prácticos de cómo empezar a crear estos guardarraíles en la escuela en esta era digital que estamos transitando:

1. Educación en pensamiento crítico sobre algoritmos

Introducir talleres donde los alumnos exploren cómo funcionan los algoritmos y por qué las plataformas digitales nos recomiendan ciertos productos, vídeos o noticias. Por ejemplo, se podría analizar cómo YouTube o TikTok priorizan determinados contenidos, reflexionando sobre cómo esto influye en nuestras decisiones y gustos. Una actividad podría consistir en crear un «algoritmo ficticio» que ellos mismos diseñen, explicando qué factores priorizarían si fueran programadores.

2. Charlas y debates sobre ética digital

Crear espacios de diálogo para discutir temas como la privacidad, la desinformación y el impacto de la tecnología en nuestras relaciones. Por ejemplo, analizar casos reales de noticias falsas, rastrear su origen y debatir las consecuencias de su difusión. Otro tema clave podría ser la IA: ¿es ética su aplicación en ciertos ámbitos? ¿Cuáles son sus riesgos?

3. Aprender a gestionar la identidad digital

Incluir en el currículo sesiones prácticas sobre cómo cuidar su huella digital. Enseñarles a proteger sus datos personales, configurar adecuadamente la privacidad en redes sociales y entender que todo lo que publican deja una marca permanente. Una actividad práctica podría ser auditar juntos perfiles ficticios de redes sociales, evaluando qué información podría ser peligroso compartir y qué imagen proyecta.

4. Fomentar el uso creativo de la tecnología

Utilizar herramientas tecnológicas para proyectos que combinen lo digital con lo humano. Por ejemplo, diseñar un blog de aula, un cortometraje o un podcast, donde los alumnos aprendan a producir contenido significativo y no se limiten a consumirlo. Esto les ayuda a comprender que las tecnologías no son solo entretenimiento, sino también medios para crear, comunicar y compartir ideas con propósito.

5. Desarrollar competencias digitales a través de retos colaborativos

Diseñar actividades como *escape rooms* digitales donde los alumnos tengan que resolver enigmas utilizando herramientas tecnológicas, evaluando la calidad de las fuentes, colaborando en línea y respetando las normas éticas del mundo digital. Estas experiencias enseñan a manejar la tecnología a la vez que les ayuda a trabajar en equipo y a tomar decisiones informadas.

6. Implementar pausas tecnológicas conscientes

Enseñar a los alumnos a equilibrar el tiempo frente a las pantallas con actividades analógicas. Crear horarios o dinámicas como «x horas sin pantallas» durante el día, invitándolos a reflexionar sobre cómo se sienten antes y después de desconectarse. Relacionar esto con la importancia de descansar para evitar la fatiga digital y mejorar la atención.

7. Formación docente continua en tecnología e IA

Los guardarraíles no pueden construirse si los docentes no están preparados. Ofrecer formación constante sobre herramientas digitales, análisis crítico de contenidos y nuevas aplicaciones de la IA es imprescindible. Esto nos permitirá a los profesores guiar con seguridad a nuestros alumnos, utilizando ejemplos reales y estrategias prácticas en el aula.

8. Proyectos de alfabetización mediática con las familias

La educación digital debe incluir a las familias como aliadas. Organizar talleres donde padres e hijos aprendan juntos sobre el uso responsable de las tecnologías, reconociendo señales de abuso digital o desinformación. Una actividad práctica podría ser un «Desafío familiar sin pantallas» o «Fin de semana pantallas 0», donde se animen a encontrar alternativas a la tecnología durante un fin de semana y reflexionen sobre la experiencia.

9. Evaluaciones diversificadas para evitar el abuso tecnológico

Diseñar evaluaciones y actividades que no dependan exclusivamente de plataformas digitales o aplicaciones. Aunque estas herramientas son útiles, es crucial mantener un equilibrio que no convierta la tecnología en el único medio para demostrar aprendizajes. Incluir tareas prácticas, debates, juegos o proyectos artísticos que complementen las evidencias digitales.

10. Promover valores digitales

Establecer un código de ética digital en la escuela que todos conozcan y respeten, enfatizando la importancia del respeto, la empatía y la responsabilidad en el uso de las tecnologías. Este código puede incluir compromisos concretos, como no compartir información falsa, no publicar nada sin consentimiento y no usar dispositivos en horarios no permitidos.

Estos diez simples ejemplos son algunos de los posibles rieles que garantizarán un trayecto seguro y enriquecedor en el uso de la tecnología y de la IA, ayudando a que los alumnos las vean como herramientas que potencian sus capacidades en lugar de limitar su humanidad.

¡¡Eduquemos con IN (Inteligencia Natural)!!

Diseñemos los guardarraíles necesarios para establecer límites humanos en la era digital.

39

Sueño con una escuela
que no se someta a la *happycracia*

Vivimos en la era de las sonrisas perpetuas y de las emociones empaquetadas para mostrar siempre lo mejor de nosotros, incluso cuando no lo sentimos. La *happycracia*, ese mandato invisible que nos obliga a ser felices en todo momento, se ha colado también en las aulas, transformando lo que debería ser un espacio de aprendizaje y convivencia en un escaparate emocional.

Las aulas son el reflejo de la sociedad: un lugar donde confluyen las expectativas, las exigencias y, a veces, las apariencias. En este contexto, parece que el bienestar emocional de nuestros alumnos y docentes ha sido encapsulado en frases motivacionales y dinámicas superficiales. Sin embargo, como bien sabemos, no todo lo que brilla alumbra, ¿verdad? La felicidad impostada puede ser tan dañina como la tristeza ignorada.

Para educar con el corazón es necesario mirar más allá de la sonrisa. Cada alumno, con sus miedos, dudas y alegrías auténticas, tiene derecho a ser acogido tal como es, sin el filtro de lo que otros esperan que sea. ¿Qué sentido tiene celebrar el Día de la Felicidad si no permitimos que nuestros alumnos expresen también su frustración, su enojo o su tristeza? La educación no debe ser un espectáculo de emociones positivas, sino un proceso profundo donde cada emoción, sea cual sea, encuentre su lugar.

Pensemos en la pirotecnia emocional que a veces inunda nuestras clases, similar a la «pirotecnia TPM» (tecnológica, pedagógica y metodológica) de la que ya hablamos en el capítulo 3: demasiados recursos sin profundidad, demasiadas dinámicas sin verdadera conexión. En lugar de enseñar a lidiar con las emociones, estamos a menudo pintando sonrisas sobre rostros que quizá necesitan llorar. La auténtica educación emocional pasa por escuchar, acompañar y validar todas las emociones, no solo las «bonitas».

Como docentes, nuestro papel no es el de gestores de sonrisas, más bien sería el de guías emocionales. Necesitamos enseñar a nuestros alumnos a manejar sus emociones desde la aceptación y no desde la represión. Una escuela donde solo se valore la felicidad se convierte en una trampa, un lugar donde el fracaso emocional es castigado y no reconocido como parte natural del aprendizaje y la vida.

A veces, la *happycracia* también nos atrapa a nosotros, los docentes. Nos sentimos presionados a mantener una actitud positiva constantemente, a pesar de las dificultades, las ratios desbordantes, los recursos limitados y los desafíos personales. Sin embargo, también nosotros tenemos derecho a mostrarnos humanos, a equivocarnos, a descansar y a decir «hoy no puedo». Porque, al final, el mejor ejemplo que podemos dar a nuestros alumnos es la autenticidad. Somos maestros, no robots.

La verdadera felicidad no se impone; se construye. No nace de una constante obligación de estar bien, nace de aprender a estar en paz con nuestras emociones. Educar para la vida significa enseñar que la tristeza también tiene su momento, que el enojo puede ser transformador y que la felicidad, cuando llega, se disfruta más cuando es auténtica y no forzada.

Desterremos la *happycracia* de nuestras aulas y apostemos por la educación emocional genuina. Dejemos que nuestros alumnos se expresen tal como son y enseñémosles que todas las emociones son válidas y necesarias para crecer. Y como docentes, aprendamos también a ser vulnerables, porque, paradójicamente, solo desde la vulnerabilidad podemos educar con fortaleza.

Aquí os dejo algunas reflexiones prácticas que pueden servir para ayudar a nuestros alumnos a liberarse de las cadenas de la *happycracia* y a vivir sus emociones de manera auténtica:

1. Validar todas las emociones

Enseñemos a nuestros alumnos que todas las emociones son válidas y necesarias. La tristeza, el miedo o la frustración no son enemigos; son mensajes que debemos aprender a interpretar. Crear espacios seguros en el aula donde puedan expresar lo que sienten, sin miedo al juicio, es fundamental.

2. Modelar autenticidad emocional

Como docentes, somos un ejemplo constante. Mostrar nuestras emociones, reconocerlas y gestionarlas adecuadamente frente a los alumnos les enseña que no necesitamos aparentar estar siempre bien para ser valiosos. Cuando decimos: «Hoy estoy cansado, pero haré lo mejor que pueda», les estamos dando permiso para aceptar sus propios días difíciles.

3. Fomentar el pensamiento crítico frente a las redes sociales

La *happycracia* se alimenta, en gran parte, de las redes sociales. Ayudemos a nuestros alumnos a analizar de manera crítica lo que ven *online*. ¿Es real la felicidad constante que muestran los *influencers*? ¿Por qué es importante cuestionar lo que se publica y no compararse con esos estándares irreales?

4. Proponer actividades reflexivas sobre las emociones

Trabajemos con dinámicas que inviten a reflexionar sobre las emociones más allá de lo positivo. Por ejemplo, escribir sobre un momento en el que se sintieron tristes y cómo lo afrontaron o dialogar sobre cómo gestionaron la frustración durante un proyecto escolar.

5. Reducir la presión del éxito constante

Evitemos transmitir la idea de que siempre deben destacar o ganar. Enseñar que el aprendizaje y el crecimiento personal a menudo surgen del error y que la resiliencia les ayuda a comprender que el éxito no siempre implica estar feliz. Y algo que me gusta enseñarles y dejarles claro es que el éxito ajeno no implica el fracaso propio.

6. Promover el autocuidado y la conexión con uno mismo

Inculquemos hábitos de autocuidado: hacer pausas, escuchar su cuerpo y mente, y darse permiso para no hacer nada. La introspección y el silencio son herramientas poderosas para entender lo que sienten y necesitan.

7. Construir una narrativa colectiva sobre el bienestar

Incluyamos momentos de conversación grupal donde los alumnos puedan compartir cómo se sienten y descubrir que otros también tienen preocupaciones, miedos o dudas. Sentirse parte de una comunidad que valida sus emociones puede aliviar la presión por parecer siempre felices.

8. Romper con los estereotipos emocionales

Desafiemos frases como «no llores, sé valiente» o «no te enfades, eso está mal». Ayudemos a los alumnos a comprender que llorar no es debilidad y que enfadarse puede ser una señal de que algo necesita cambiar.

9. Incluir literatura y recursos que exploren emociones diversas

Desde cuentos infantiles hasta novelas juveniles. Podemos utilizar historias que retraten a personajes que se enfrentan a emociones complejas, poniendo en valor cómo las gestionan. Esto normaliza el abanico de experiencias emocionales y ofrece modelos positivos.

10. Evitar la «felicidad performativa» en clase

Evitemos dinámicas donde premiamos a los alumnos por «estar siempre bien» o «mostrar una sonrisa». En su lugar, valoremos actitudes como la empatía, la resiliencia y el respeto hacia los sentimientos propios y ajenos.

La meta no es que nuestros alumnos sean felices todo el tiempo, sino que sean capaces de comprenderse, aceptarse y regularse emocionalmente. Una educación emocional auténtica no busca eliminar las emociones «negativas»; va más allá y busca integrarlas como parte esencial del ser humano.

40

Sueño con una escuela
que evita el «síndrome de Calimero»

Todos los que ya tenemos una edad recordamos a Calimero, aquel pequeño pollito negro con su cascarón roto sobre la cabeza, que se lamentaba constantemente con su célebre frase: «¡Es una injusticia, siempre me tratan mal!». Este entrañable personaje se ha convertido en el símbolo perfecto de quienes, ante las dificultades, se refugian en la queja perpetua sin buscar soluciones.

¿Y si este síndrome también estuviera presente en nuestras aulas, en nuestras reuniones o incluso en nosotros mismos?

En la educación, como en la vida, es fácil caer en el papel de Calimero. Quejarnos de la ratio, del currículo, de la falta de recursos o del desinterés de algunos alumnos es legítimo y, en muchos casos, necesario para visibilizar los problemas y la realidad. Sin embargo, la queja no puede convertirse en nuestra única respuesta; al igual que un barco, necesitamos velas o motores que nos impulsen hacia las soluciones.

La queja constante es como un exceso de agua: ahoga las raíces, impide el crecimiento y genera desmotivación. Sin embargo, regar con mesura, con agua cargada de propuestas y soluciones, transforma las dificultades en oportunidades.

Nuestros alumnos, al igual que nosotros, también pueden caer en el síndrome de Calimero. ¿Cuántas veces hemos escuchado frases como «es que esto es muy difícil», «nunca lo voy a lograr» o «siempre me sale mal»? Estas expresiones, aunque naturales, pueden convertirse en un obstáculo si no les ayudamos a darles la vuelta. Nuestra labor no es quitarles la dificultad del camino, sino enseñarles a afrontarla con estrategias y confianza.

Enseñar a superar este patrón requiere un enfoque inclusivo y activo. Aquí comparto, una vez más, algunos consejos prácticos:

1. Fomentar una mentalidad de crecimiento

Recordemos a nuestros alumnos que las dificultades son una oportunidad para aprender. Utilicemos frases como «todavía no lo consigues, pero estás en camino», en lugar de «esto está mal». El poder del «todavía» es inmenso: abre puertas a la esperanza y al esfuerzo.

2. Centrarnos en lo que podemos controlar

Cuando las quejas invaden el aula, animemos a los alumnos a identificar qué está en sus manos cambiar. Si el problema es un examen difícil, ¿pueden estudiar más o pedir ayuda? Si sienten que no comprenden algo, ¿pueden expresarlo y buscar nuevas explicaciones? Ayudarles a distinguir entre lo que pueden controlar y lo que no les dota de herramientas para la vida.

3. Ejemplos inspiradores

Compartamos historias reales de personas que han superado adversidades. Puede ser la de un deportista que se recuperó de una lesión para ganar un campeonato o la de un científico que fracasó cientos de veces antes de tener éxito. La vida está llena de ejemplos que nos demuestran que tras las nubes siempre hay un rayo de sol.

4. Utilizar metáforas visuales

Una de mis favoritas es el «globo de la queja». Imagino que cada queja es como inflar un globo. Si solo nos quejamos, el globo se hincha hasta explotar, causando frustración, pero si cada queja viene acompañada de una acción para resolverla, el globo se mantiene equilibrado. Enseñar a «deshinchar el globo» es una lección para toda la vida.

5. Reenfocar las reuniones docentes

Como docentes, también podemos caer en la espiral de la queja. En nuestras reuniones, propongamos dedicar un tiempo a identificar problemas y otro a pensar en posibles soluciones. La queja sin acción es estéril, pero la reflexión conjunta genera avances. ¿Qué tal si cada problema viene acompañado de al menos tres propuestas para afrontarlo?

6. Celebrar los logros por pequeños que sean

Enseñemos a nuestros alumnos y compañeros a valorar los pequeños pasos. Resolver un problema matemático, mejorar en un deporte o participar en clase son avances que merecen reconocimiento. La acción, por pequeña que parezca, es la mejor respuesta a la queja.

Recuerdo a un alumno llamado Lucas que, un día, llegó a clase y exclamó: «¡Es que nunca me sale nada bien en matemáticas, esto es imposible!». Le propuse un reto: «¿Y si hoy solo intentamos que un ejercicio te salga bien? Uno, nada más». Con paciencia, empezamos a trabajar juntos. Al final de la clase, logró resolverlo. Su sonrisa lo dijo todo: «¡Sí puedo!». Desde entonces, Lucas entendió que el camino se recorre paso a paso y que la queja, aunque sea válida, no puede ser el final del recorrido.

Nuestra misión como docentes no es evitar que nuestros alumnos se quejen, sino enseñarles a transformar sus quejas en acciones constructivas. Y nosotros mismos debemos recordarnos que la verdadera fuerza de la educación está en el ejemplo:

Enseñamos más con una vez que hagamos
que con veinte que digamos.

Si quieres que hagan algo,
procura que te vean haciéndolo.

De nada sirve todo lo explicado
si no nos ven como el ejemplo adecuado.

Como decía el proverbio:

*No hay viento favorable para el barco
que no sabe a dónde va.*

Naveguemos juntos hacia un horizonte donde las quejas sean
el motor de los cambios y no su ancla.

41

Sueño con una escuela que sepa que algo puede aprender de las ostras

En el corazón del océano, una ostra encuentra una intrusa: una partícula de arena, un pequeño trozo de concha. Ese grano extraño es incómodo, incluso doloroso, pero en lugar de rendirse ante el malestar, la ostra comienza un proceso asombroso: recubre esa intrusión con nácar, capa tras capa, hasta transformarla en una joya luminosa y perfecta. Así nacen las perlas, fruto de la resistencia y de la adaptación.

¿No ocurre algo similar en la vida y,
más aún, en la educación?

Nosotros, como docentes, acompañamos a nuestros alumnos en su proceso de formación. Ellos también se enfrentan a distintas adversidades: un problema matemático que no pueden resolver, una palabra que no comprenden, un error que les frustra, una amistad que no se asienta... Y al igual que lo que ocurre con las ostras, cada desafío puede convertirse en una oportunidad para generar algo hermoso y valioso.

La clave está en cómo abordamos esas pequeñas «arenas» de la vida. Si protegemos a nuestros alumnos de cualquier incomodidad, si eliminamos todo obstáculo de su camino, les negamos la posibilidad de aprender a transformarse y de superarse. La sobreprotección no genera perlas; genera fragilidad. Es nuestra responsabilidad enseñarles que los errores no son el final del aprendizaje, sino el comienzo de un proceso lleno de posibilidades.

En nuestras aulas, debemos crear un ambiente en el que se valore el esfuerzo y se reconozca que del fallo nacen los aprendizajes más duraderos. ¿Qué sería de la ostra sin esa partícula intrusa? De igual modo, ¿qué sería de nuestros alumnos sin la oportunidad de enfrentarse a sus propios retos?

Transformar el error en aprendizaje es como recubrir un grano de arena con nácar: requiere tiempo, paciencia y dedicación. Debemos enseñarles que no es malo equivocarse, que cada intento fallido puede ser una capa más que los acerca a ser esa «perla» que brilla con su propia luz; esa perla que cada uno guarda en su interior. En palabras de don Quijote: «No hay otro yo en el mundo» y resulta que en nuestras aulas habitan muchos *yos* únicos que merecen ser acompañados en este proceso con cuidado y respeto.

Por lo tanto, hagamos de nuestras clases un espacio donde las adversidades no sean temidas, sino abrazadas. Construyamos una pedagogía de la perseverancia, donde lo importante no sea evitar la dificultad, sino aprender a navegarla con confianza y creatividad. Que nuestros alumnos descubran que pueden ser artífices de su propia belleza, capaces de convertir los desafíos en oportunidades, las caídas en aprendizajes y las dudas en certezas.

En educación, como en la vida, no se trata de evitar o de limpiar las piedras que nuestros alumnos se encontrarán en el camino; se trata de aprender a caminar sobre ellas; de saber que son esas piedras las que les van a permitir construir puentes para llegar aún más lejos. Sigamos inspirándolos para que se atrevan abrazar sus imperfecciones, a celebrar sus esfuerzos y a reconocer que, en el fondo, las dificultades que se encuentren en su largo caminar no son más que semillas que les ofrecen la valiosa oportunidad de seguir creciendo y aprendiendo.

Si queremos crear perlas que iluminen el mundo, aprendamos de las ostras estas dos simples lecciones:

1. *Valorar el error como oportunidad*: en lugar de juzgarlo y sancionarlo, utilicémoslo como herramienta de aprendizaje. Cada fallo es una capa de nácar que fortalece el crecimiento de nuestros alumnos.

2. *Fomentar la resiliencia*: ayudémosles a enfrentarse a los desafíos con paciencia y tenacidad, enseñándoles que los contratiempos que les surjan pueden transformarse en algo valioso si se afrontan con una actitud adecuada.

Sé que esto de aprender de las ostras suena raro, ¿verdad?, pero, muchas veces, el aprendizaje puede hallarse en los lugares más insospechados.

Este capítulo se lo dedico a mi admirada y buena amiga Anna Forés. A ella le oí hablar de ostras y de perlas, de adversidades y de aprendizajes.

¡Gracias, Anna!

42

Sueño con una escuela que deja huella

En el corazón de cada aula, donde la magia del aprendizaje se entrelaza con la esencia de la infancia, yace una verdad que deberíamos recordar cada día:

Los niños son como cemento fresco,
cualquier cosa que caiga sobre ellos deja huella.

Esta frase de Haim Ginott, tan simple y poderosa, nos invita a reflexionar sobre la inmensa responsabilidad que tenemos como docentes.

Cada palabra que pronunciamos, cada gesto que hacemos, cada mirada que dirigimos tiene el poder de dejar una marca en ellos. Puede ser una huella que inspire, que impulse, que ilumine; o puede ser una cicatriz que limite, que duela, que permanezca.

Ser docente es un privilegio. Enseñar no puede ser solo un trabajo, somos responsables de miles de vidas con las que entramos en contacto día a día. Somos quienes moldeamos el futuro y los que podemos construir un mundo mejor. Así lo veo yo.

Si nuestros alumnos no recuerdan sus años escolares con cariño y con una visión positiva, es que en algo hemos fallado. Tocamos vidas para siempre, escribimos y dejamos huellas en los corazones de nuestros alumnos, por eso debemos hacerlo con las otras TIC (tiempo, interés y cariño) de las que ya hablé en el capítulo 13.

Las palabras tienen un peso que a veces olvidamos. Un «no vales» puede adherirse al alma de un niño y acompañarlo durante años como una sombra que lo frena. Por otro lado, un «creo en ti» puede ser el impulso que necesite para superar cualquier desafío.

¿Qué queremos dejar en nuestros alumnos? ¿La marca de un maestro que los animó a soñar y a crecer? ¿O el peso de un juicio que los hizo dudar de sí mismos?

El cemento fresco es moldeable, pero también frágil. Si lo pisamos, lo marcamos para siempre. Los niños son así. Su mente y su corazón están abiertos al aprendizaje, pero también son vulnerables a lo que les dejamos caer encima.

Por eso, cada día debemos tener cuidado con lo que decimos, hacemos y transmitimos. No basta con enseñar contenidos; debemos asegurarnos de que nuestro trato, nuestras palabras y nuestras acciones sean una fuente de construcción, no de destrucción.

Dejar huellas positivas es posible de cinco formas muy sencillas:

1. Habla con ternura y respeto

Tus palabras son herramientas, no armas. Usa un lenguaje que construya, que motive, que les haga sentir que son valiosos.

2. Sé un espejo que refleje lo mejor de ellos

Hazles ver sus fortalezas, sus logros, sus avances. Ayúdales a descubrir todo lo que son capaces de hacer, incluso cuando ellos no lo ven.

3. Cuida los momentos difíciles

En los errores, en los conflictos, en las frustraciones, es cuando más cuidado debemos tener. Un mal día no debe dejar marcas permanentes en el corazón de un niño.

4. Recuerda que educar es acompañar

No estás ahí para moldearlos según tus expectativas, sino para acompañarlos en su crecimiento, respetando su esencia, sus ritmos y su individualidad.

5. Déjalos ser niños

El cemento fresco necesita tiempo para endurecer. No apresuremos su madurez, no les robemos su infancia. Dejemos que rían, que jueguen, que se equivoquen.

Dejar huella no es solo inevitable, es necesario, pero no cualquier huella. Dejemos marcas que sean recordadas con alegría, con gratitud. Huellas que les recuerden que hubo un maestro o una maestra que creyó en ellos, que los animó a volar alto, que estuvo ahí cuando más lo necesitaban.

43

Sueño con una escuela que inicia una revolución copernicana

Nicolás Copérnico revolucionó la astronomía poniendo al sol en el centro y proponiendo un retorno a la simplicidad ante el sistema ptolemaico que lo complicaba todo. Él nos enseñó que no todo gira en torno a nosotros, que el sol, esa fuente inagotable de vida, es el eje sobre el que danza nuestro mundo. Hoy, siglos después, pienso que nuestras aulas necesitan su propia revolución copernicana. La educación debe reordenarse, colocar el corazón en el centro y simplificar lo que tanto ruido ha complicado. Una revolución copernicana que nos retorne a la simplicidad y a la verdadera esencia que se desprende de la palabra educar.

Cuando educamos desde el amor, todo cambia. Y no me refiero al amor romántico o idealizado, sino a ese amor que escucha, comprende y acompaña; que mira con empatía y se preocupa genuinamente por el bienestar de nuestros alumnos.

En lugar de rodearnos de esa pirotecnia educativa llena de tecnologías deslumbrantes y metodologías complejas, debemos preguntarnos: ¿qué es lo esencial? Es hora de despojarnos de lo accesorio y volver a la esencia de educar. No necesitamos hacer más cosas, necesitamos hacer mejor aquellas cosas que son buenas, necesarias e importantes.

Si el corazón de la educación es el alumno, entonces la escuela debe convertirse en su refugio. Un lugar cálido, un regazo donde puedan sentirse seguros y queridos y desde esa confianza, abrir sus alas al conocimiento. Es en este punto donde debemos enfocar todos nuestros esfuerzos: que la educación sea abrazo, sea mirada, sea mano tendida.

En ocasiones, parece que educamos según lo que nos resulta cómodo a nosotros, los docentes, o según lo que dicta el sistema de turno. Cada niño tiene un corazón único, una melodía irrepetible que debemos aprender a escuchar. La verdadera enseñanza nace cuando conseguimos sincronizar nuestros pasos con los suyos.

La revolución que propongo no exige leyes ni reformas complejas. Comienza con algo tan sencillo y, a la vez, tan desafiante como mirar a nuestros alumnos con el corazón abierto. Es sentir que no importa cuánto sepamos o cuántos recursos tengamos si no llegamos primero a sus corazones. Estamos muy empeñados en llegar a sus cabezas para depositar allí conocimientos y desarrollar competencias, y eso está muy bien, ya que fundamenta nuestro trabajo, pero en muchas ocasiones se nos olvida llamar antes en la puerta de su corazón. Al final, no se trata solo de enseñar, nuestra tarea puede ir más allá y llegar a transformar vidas. Un corazón pleno es la tierra más fértil para cualquier semilla.

Si quieres que tus alumnos
aprendan y mejoren,
comienza por llegar
a sus corazones.

Como dijo don Quijote, «cambiar el mundo, amigo Sancho, no es locura ni utopía, sino justicia». Esa justicia comienza por respetar la infancia, esa casa que siempre habitaremos, ese patio en el que siempre jugaremos.

En esta revolución copernicana, no hay lugar para protagonismos. No somos nosotros los que brillamos; son ellos. Su luz, su curiosidad, su capacidad de asombro son el verdadero sol de este sistema que debemos reconfigurar. Si logramos que su aprendizaje gire en torno a ellos, si priorizamos lo humano por encima de lo académico, estaremos marcando la diferencia.

La invitación está hecha: volvamos al corazón, al regazo, al abrazo. A partir de ahí, todo lo demás. Hagamos que educar sea, de nuevo, una de las tareas más hermosas del mundo.

Y, recuerda, en educación:

No es lo que a nosotros nos venga bien,
es lo que a nuestros alumnos les haga bien.

No es lo que nosotros queremos hacer,
es lo que nuestros alumnos necesitan que hagamos.

No somos nosotros,
son ellos.

Conclusión

Despertar para construir la escuela soñada

Paseábamos por los montes de Pedreguer (Alicante), envueltos en el silencio sereno de la naturaleza. El aire era fresco, el cielo estaba limpio y los pasos se daban sin prisa, como si el tiempo también hubiera decidido detenerse un poco.

De repente, como salido de un cuento, apareció un zorro en medio de nuestro camino.

Se quedó quieto, mirándonos sin miedo. Nosotros también nos detuvimos. Juliette (9 años) apretó mi mano con esa mezcla de asombro, miedo y ternura que solo los niños saben sentir de verdad. Nos miramos los tres: el zorro, mi hija y yo. Y durante unos segundos, fuimos parte de algo más grande. Algo mágico.

Cuando el zorro se marchó, como si supiera que ya había dejado suficiente belleza, retomamos el camino con el corazón un poco más lleno.

Fue entonces cuando, con una pizca de nostalgia, le dije a Juliette:

–Qué pena no haberle hecho una foto o haberlo grabado para recordarlo y enseñárselo a tu madre y a tu hermana.

Y ella, con la sabiduría que a veces se guarda en los más pequeños, me respondió:

–No importa, papá. Lo importante es haberlo podido disfrutar y verlo con nuestros ojos. ¡Ha sido una suerte!

Me quedé callado porque tenía razón. Me di cuenta entonces que ese instante ya estaba grabado, no en la memoria del móvil, sino en la del corazón.

Aquel día aprendí que vale más un recuerdo en el cerebro que mil archivos en el móvil o en el ordenador.

Y que hay cosas que no necesitan ser capturadas porque ya nos capturan a nosotros.

Ese paseo no solo me regaló un recuerdo inolvidable. Me despertó. Me movió por dentro. Comprendí que eso es lo que necesitamos para construir la escuela que soñamos:

Dejarnos tocar por esos momentos que nos gritan en silencio que podemos y debemos cambiar, que hay otra forma de mirar, de acompañar, de educar.

La escuela que soñamos y merecemos comienza justo ahí, en los ojos de una niña como Juliette, en el encuentro con un zorro y en la certeza de que lo vivido de verdad no necesita filtros. Solo conciencia y corazón. Empecemos por lo más simple y a la vez más profundo: mirar a los ojos y escuchar sin prisas.

Gracias, Juliette y Amélie, por enseñarme a soñar
y a querer de verdad.